COURS COMPLET

D'ENSEIGNEMENT PRIMAIRE

rédigé conformément aux programmes
du 27 juillet 1882

ÉLÉMENTS USUELS

DES

SCIENCES PHYSIQUES

ET NATURELLES

PAR

LE Dr SAFFRAY

—

COURS MOYEN

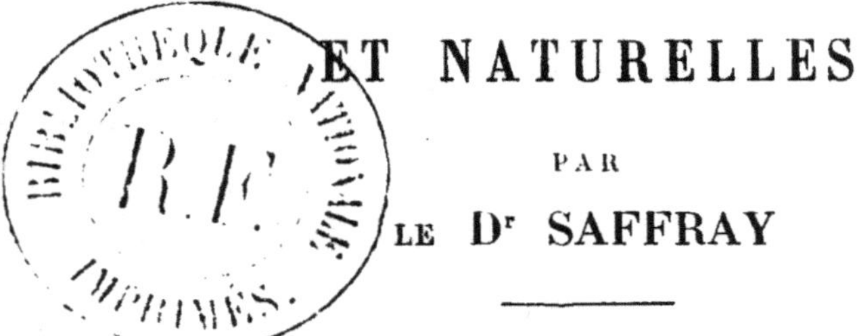

LIVRE DE L'ÉLÈVE

Contenant 211 figures.

PARIS

LIBRAIRIE HACHETTE ET Cie

79, BOULEVARD SAINT-GERMAIN, 79

—

1883

ÉLÉMENTS USUELS
DES SCIENCES PHYSIQUES

ET NATURELLES

COURS MOYEN

PREMIÈRE PARTIE

L'HOMME

I. — APPARENCE GÉNÉRALE DU CORPS.

La posture et la démarche de l'homme lui donnent un caractère de noblesse et d'élégance qui manque aux **quadrupèdes**. Il semble moins attaché à la terre. Si l'on compare une belle **statue** et l'**image** d'un singe, l'animal qui se rapproche le plus de l'homme, on ne peut hésiter à déclarer de quel côté se trouve l'harmonie des formes, la grâce, la beauté.

De plus, si l'homme marchait à quatre pattes il ne

pourrait employer ses bras et ses mains. **La posture droite** donne à la tête une position commode et élégante ; le visage s'offre en plein aux **regards.**

Lorsque vous abordez un de vos camarades, vos regards se portent tout naturellement à sa **figure** ; et dans sa figure, vous fixez tout d'abord les **yeux.**

Vous entendez dire parfois : **lire** dans les yeux. Cela signifie que si l'on regarde bien les yeux d'une personne on peut deviner à peu près ce qu'elle **pense** ou ce qu'elle **ressent.**

Voilà pourquoi l'on dit aussi : l'œil est le **miroir** de l'**âme.**

La **bouche** complète d'ordinaire l'impression que produit le **regard.** Les **lèvres** prennent une expression en harmonie avec les pensées, les sentiments.

On appelle **physionomie** l'expression des sensations, des sentiments, des pensées, qui résulte de l'ensemble des traits. Ce sont les yeux et les lèvres qui contribuent le plus à la physionomie.

Nous ne faisons pas les **traits** de notre visage, mais nous en modelons l'**expression.** La physionomie, en effet, traduit non seulement nos impressions, nos sentiments, nos pensées au moment où l'on nous examine, mais encore les pensées, les sentiments, les impressions auxquels nous sommes habitués.

Chez les animaux la bouche très allongée semble indiquer qu'ils vivent pour manger. Tandis que chez

Statue antique.

l'homme qui mange pour vivre, mais qui vit pour penser et travailler, la bouche est réduite dans ses proportions et le front s'agrandit pour loger un **cerveau** beaucoup plus développé que celui des animaux.

Lorsque l'on dit : le corps humain, on entend l'ensemble de l'homme : les membres, la tête, et la partie centrale nommée **tronc**; mais dans le langage usuel, lorsque l'on veut distinguer le tronc des membres on le désigne souvent par le mot **corps**.

La hauteur d'un enfant de dix ans est d'environ 1^m,27 centimètres, par conséquent il ne lui manque que 0^m,27 centimètres pour atteindre la taille réglementaire d'un petit troupier. Un homme qui atteint 1^m,68 centimètres est de taille moyenne.

Le poids moyen d'un enfant de dix ans est de 26 kilogrammes. Un homme de vingt-cinq ans mesurant environ 1^m,68 centimètres pèse à peu près 64 kilogrammes.

On appelle **nains** et **géants** les hommes qui sont beaucoup au-dessous ou au-dessus de la taille moyenne.

L'homme est la réunion d'une **âme** et d'un **corps** destinés à agir de concert et qui ne peuvent rien l'un sans l'autre. Tout ce qui amoindrit ou dégrade le corps affaiblit et rabaisse l'**esprit**. D'autre part, l'esprit imprime au corps une marque particulière. L'attitude, la démarche, les gestes, la physionomie doivent àux **facultés** bien cultivées de l'esprit leur charme, leur grâce, leur noblesse.

Orang-Outang. — (Hauteur, debout, 1ᵐ,35.)

Aussi, nous devons soigner, respecter notre corps, et nous efforcer de le rendre en tous points le digne compagnon et l'utile instrument de notre **esprit**.

II. — LE SQUELETTE. — LES ARTICULATIONS.

Les **os** de notre corps servent à lui conserver sa forme. Supprimez les os et tout le reste tombera comme un sac mal rempli. Les os forment à notre corps une sorte de **charpente** qui maintient en place chaque partie.

Les os de nos membres agissent comme des **leviers** qui nous permettent de déployer de la force.

Si vous palpez votre tête, vous sentez de tous côtés des os, dont l'ensemble s'appelle le **crâne**. Ces os servent à garantir le **cerveau** qui est logé dans le crâne.

On sent sous la peau, depuis le cou jusqu'au bas du dos, une série d'os qui forment une saillie assez considérable, surtout chez les gens maigres, c'est l'**épine dorsale**. Elle est composée d'os peu épais, percés d'un trou au centre et superposés. Ces os forment ainsi une sorte de colonne creuse. Aussi les médecins appellent l'épine dorsale **colonne vertébrale**, c'est-à-dire formée d'os nommés **vertèbres**.

Lorsque vous vous tâtez la poitrine à droite et à gauche, vous sentez sous vos doigts les **côtes**.

Nous avons de chaque côté douze côtes qui consistent en os plats recourbés. Elles partent de l'épine

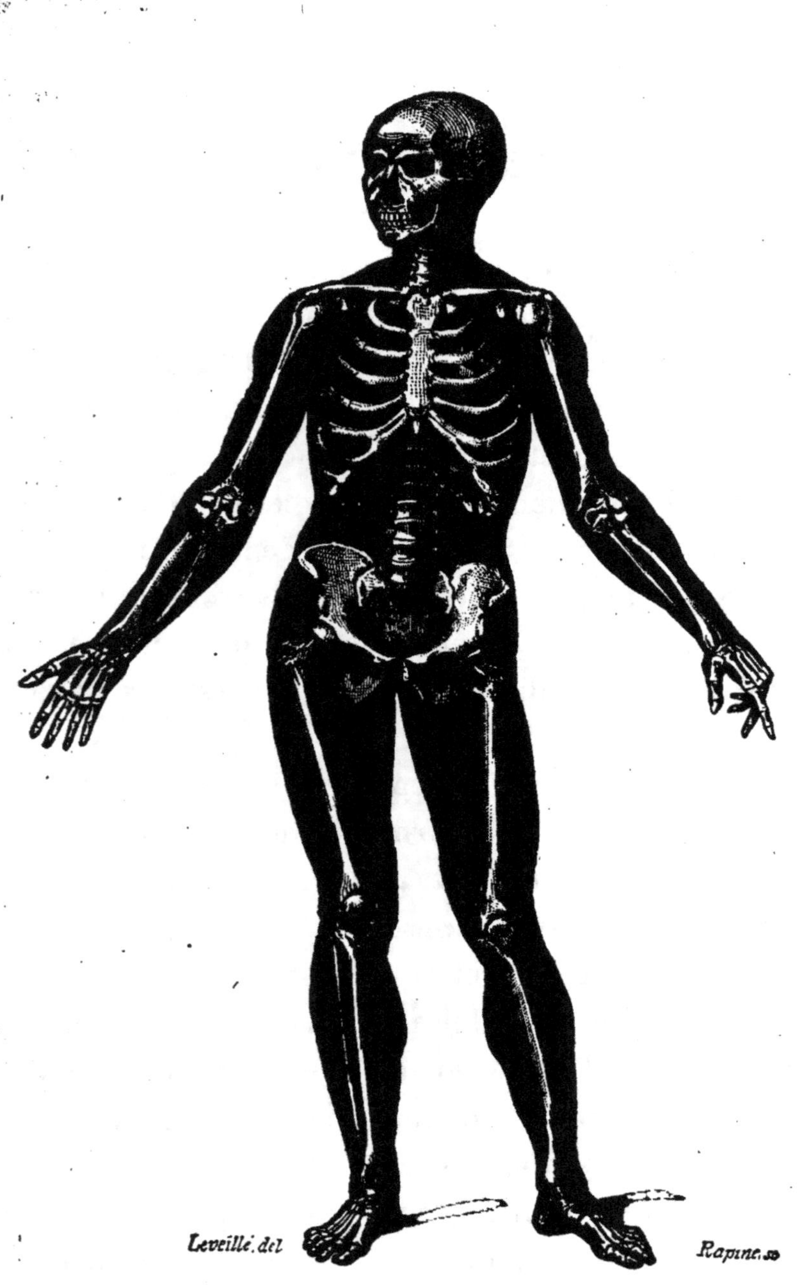

Silhouette du corps montrant le squelette.

dorsale : sur le devant de la poitrine, elles se réunissent à un os plat et long, le **sternum**. Chez les oiseaux cet os acquiert un développement considérable et une forme spéciale, comme vous pourrez l'observer en examinant ce que l'on appelle familièrement le **bréchet** d'un poulet.

Les deux parties saillantes qui se trouvent de chaque côté du corps au-dessous de la ceinture forment les **hanches**. Elles consistent en os plats, épais et très forts entre lesquels est enclavé un autre os plat qui fait suite à la colonne vertébrale et se termine par un petit os pointu, le coccyx. Cet ensemble d'os plats limite et protège une cavité nommée **bassin**, dans laquelle sont logés les intestins et d'autres organes.

L'omoplate et la **clavicule** servent de point d'attache au **bras**. Le bras n'a qu'un os gros et fort; l'**avant-bras** en a deux plus minces. A l'avant-bras s'articule le **poignet**, au moyen de plusieurs petits os reliés à ceux de la **paume** ou partie moyenne de la main; puis viennent les os des **doigts**.

Le membre inférieur offre une grande analogie avec le membre supérieur. La **cuisse** n'a qu'un os et la **jambe** en a deux. Ce sont les saillies de ces deux os qui forment la **cheville** du pied.

La matière des dents est bien différente de celle des os, surtout dans la portion qui dépasse les gencives et que l'on appelle **couronne**. L'**ivoire** de la

dent est couvert par une matière dure et polie nommée **émail**.

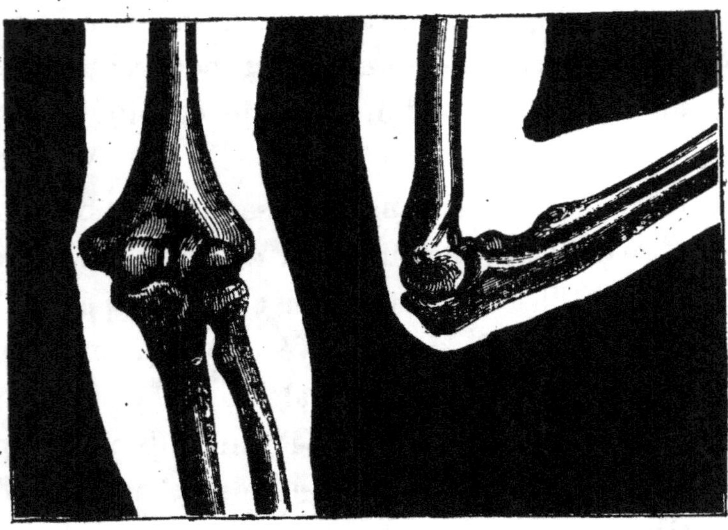

Articulation du coude, vue de face et de côté.

On appelle **dents de lait** les premières dents

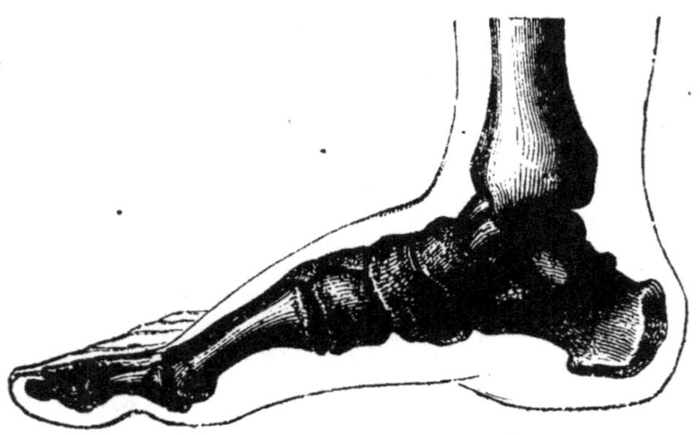

Squelette du pied.

qui poussent aux enfants. Il y en a 20 ; vers six à

sept ans, elles se trouvent poussées tout doucement par d'autres dents plus solides, et tombent.

De sept à quinze ans se complète le nombre de 28 dents. Puis, de dix-huit à vingt-cinq ans poussent les quatre **dents de sagesse.**

A chaque mâchoire il y a quatre dents **incisives** ou coupantes; deux **canines** pointues comme les grandes dents du chien; et dix **molaires** capables de broyer, de moudre les aliments. Cela fait donc trente-deux dents lorsqu'il n'en manque pas à l'appel.

Les os sont terminés par du **cartilage** que l'on nomme parfois croquant. C'est une matière élastique blanche ou jaunâtre, dont la surface est lisse et comme nacrée.

Le cartilage rend très doux le frottement entre les parties unies, polies. D'ailleurs les cartilages des **articulations** sont **lubrifiés** par un liquide visqueux analogue au blanc d'œuf. Les **ligaments,** sortes de bandes élastiques très fortes, relient et retiennent en contact les os des articulations.

III. — LES MOUVEMENTS.

On appelle **muscles** les masses de chair plus ou moins volumineuses qui recouvrent les os et que nous mangeons sous le nom de **viande**.

Ce sont les muscles qui donnent à notre corps des **formes** pleines, des **contours** arrondis, et qui produisent ses mouvements si variés.

Les muscles ne sont pas attachés directement aux os : ils se terminent aux deux bouts par une sorte de cordon ou de courroie plus ou moins élargie, souple, mais sans élasticité, que l'on appelle **tendon** parce qu'elle sert à tendre, à tirer. Ce sont les tendons que l'on appelle par erreur les nerfs de la viande. Les véritables **nerfs** sont bien moins volumineux et très mous.

Fibres musculaires vues au microscope.

Muscle du bras (biceps) et ses tendons.

Tendon d'Achille, qui soulève le talon pendant la marche.

L'extrémité des tendons **est** attachée aux os du **squelette :** c'est par leur intermédiaire que les muscles peuvent agir sur les os pour produire des mouvements.

Dans les muscles il y a des **nerfs**. Les nerfs sont en **communication** avec le **cerveau**, et c'est par les nerfs que les muscles **obéissent** à la volonté.

Il y a des mouvements qui s'accomplissent sans que nous ayons le temps de les **vouloir** et cela est fort utile. Ainsi lorsque l'on se brûle par mégarde, sans voir ce qui cause la brûlure, on éloigne presque instantanément la partie brûlée.

Tout muscle habitué à un effort régulier s'accroît, et en s'accroissant il acquiert de la **force**.

Il faut, autant que pos-

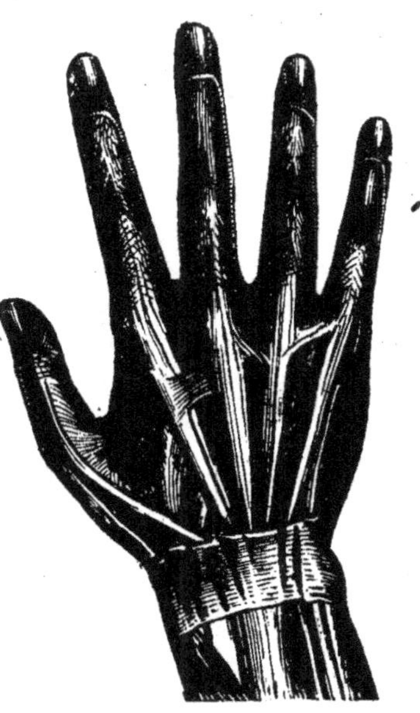

Tendons qui servent à dresser les doigts.

sible, développer uniformément toutes les parties de notre corps. Pour cela, les **jeux**, les **exercices** de toute sorte sont très utiles.

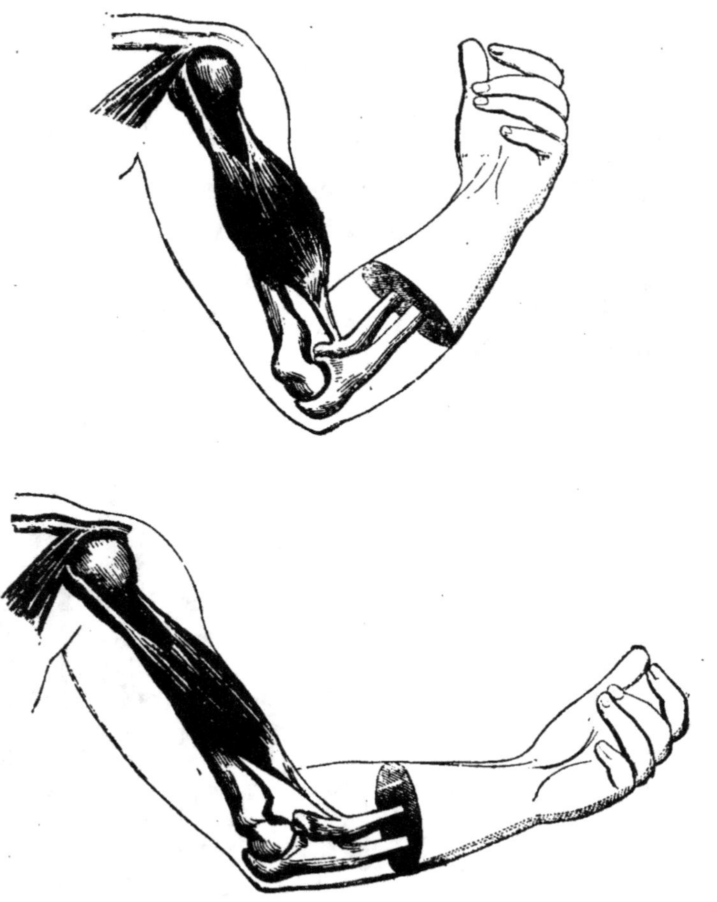

Figure théorique montrant comment le muscle biceps fait plier le bras.

Mais il ne suffit pas d'obtenir un **développement** régulier des muscles et des **forces**. On peut être très fort et en même temps lourd, gauche, maladroit.

Pour bien faire usage de la **force musculaire**, il est nécessaire de l'employer avec **adresse**. Pour cela on doit s'exercer aux mouvements et aux combinaisons de mouvements qui habituent à la souplesse, à l'agilité, à la précision. C'est le but de la **gymnastique**.

L'homme fort peut travailler sans fatigue ; se défendre si on l'attaque ; il n'est pas sujet à être malade ; et de plus fait un bon **soldat**.

En effet, le soldat robuste, exercé, supporte sans souffrir les **fatigues**, les **privations** d'une **campagne**. Il se bat bien parce que son corps aguerri obéit aisément à son **courage**.

IV. — LA RESPIRATION.

Si l'on couvrait un bout de bougie allumé avec un verre ou une cloche à fromage, il s'éteindrait après avoir consommé tout l'**oxygène** de l'**air** contenu dans la cloche. Un oiseau renfermé dans une boîte bien close tomberait asphyxié après avoir consommé l'oxygène mis à sa disposition. Si l'on recueillait l'air, ou plutôt les **gaz** qui resteraient alors sous la cloche, on trouverait qu'il s'est formé du **gaz carbonique**, comme si on y avait brûlé de la **braise**.

Cet exemple fait comprendre que pendant la respiration il se passe quelque chose d'analogue à la **combustion**.

Quand on prend sa respiration ou mieux quand on fait une **inspiration**, l'air entre par les **narines**,

Dans un **petit espace clos**, un oiseau meurt asphyxié.

les côtes se soulèvent, la poitrine se gonfle. La poitrine est séparée de l'abdomen par une forte **cloison** élastique nommée **diaphragme**. Pendant l'inspiration cette cloison s'abaisse. Ainsi la poitrine agit comme un soufflet qui s'ouvre.

Pendant l'**expiration**, c'est-à-dire pendant que l'air s'échappe par les narines ou par la bouche, on sent la poitrine se dégonfler. Les côtes s'abaissent, et le creux de l'estomac s'enfonce.

Quand la poitrine s'élargit, il se fait un **vide**, et l'air que l'on respire passe par un **tube** dont la partie supérieure nommée **larynx** contient les organes de la voix. La proéminence, appelée **pomme d'Adam**, est formée par la partie supérieure du larynx. Au-dessous du larynx, le tube à air prend le nom de **tra-**

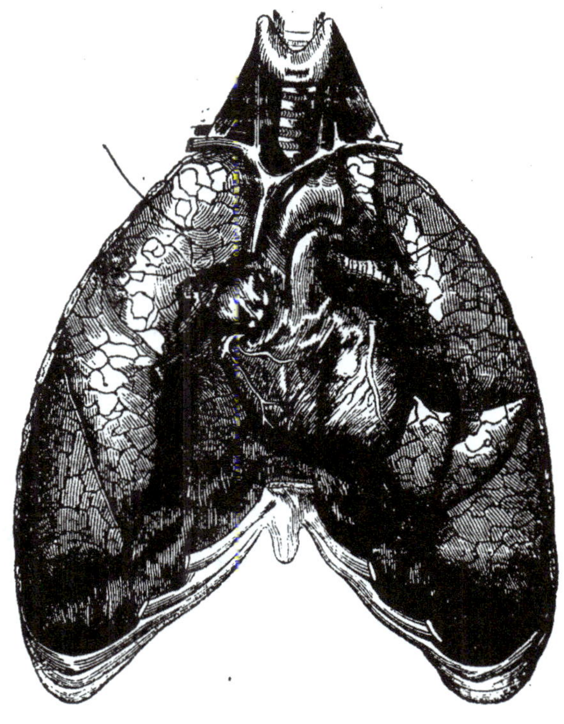

Vue des organes qui remplissent la poitrine. — Les poumons sont un peu écartés pour laisser voir le cœur.

chée. Au bas du cou, il se divise en deux tronçons ou **bronches** qui se dirigent chacune vers l'un des poumons, c'est-à-dire à droite et à gauche.

Dans l'intérieur des poumons, les bronches se divisent, se subdivisent et se **ramifient** dans toutes les directions, formant des tubes de plus en plus étroits, à parois très minces. Les tubes les plus fins se terminent par de petites ampoules disposées en grappes.

Les tubes, les ampoules, ont pour **parois** une fine

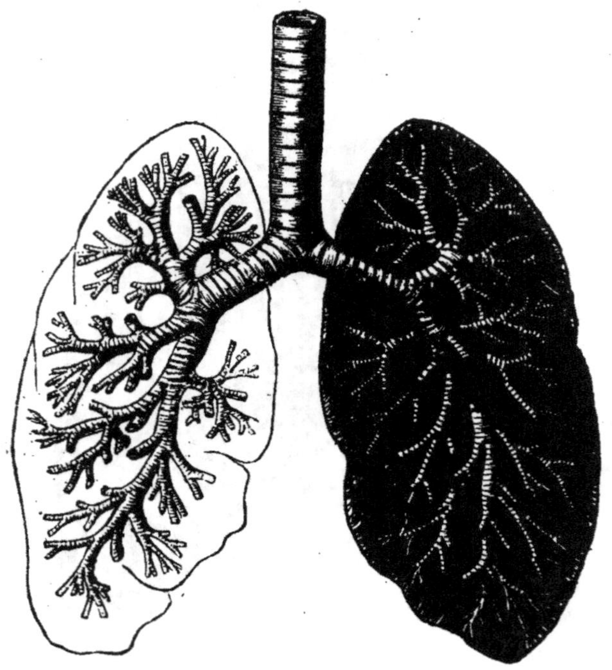

Figure théorique montrant les ramifications des bronches.

membrane dans laquelle se trouve un réseau d'autres tubes d'une petitesse extraordinaire, mais suffisante pour laisser circuler le sang.

L'air qui sort des poumons est très différent de celui que l'on a respiré. Il ressemble à de l'air où l'on aurait fait brûler un morceau de braise. Il lui manque une partie de son **oxygène** qui se trouve remplacée par une quantité égale de **gaz carbonique.**

Le sang qui arrive aux poumons est **noir** et chargé de gaz carbonique. Il se débarrasse de ce gaz que l'on retrouve dans l'air **expiré**, le remplace par de l'oxygène, devient **rouge**, et transporte cet oxygène dans tout le corps.

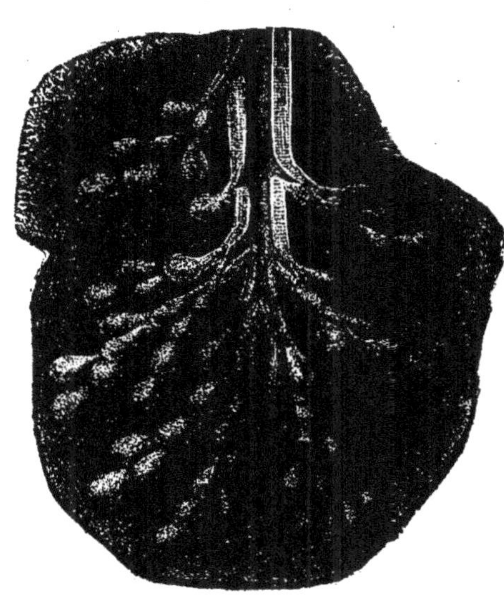

Extrémité d'une bronche, vue au microscope.

L'oxygène emporté par le sang trouve **sur** son chemin toutes sortes de **matières** auxquelles il tend à s'unir. Ces matières sont les **particules usées** de notre corps et une portion des **aliments** qui reste dans le sang. L'oxygène s'en empare et forme avec elles du gaz carbonique, absolument comme il s'empare du charbon, de la braise, pour former ce même gaz. On peut donc dire qu'il **brûle** ces matières.

De cette **combustion** lente, insensible, résulte la chaleur uniforme, nécessaire à notre vie. C'est pour l'entretenir que l'air se renouvelle constamment et régulièrement dans nos poumons.

Une des premières conditions pour se bien porter et devenir robuste, c'est de **bien respirer**. Il faut s'habituer à respirer à pleins poumons, car ce sont les poumons qui font l'homme.

V. — CIRCULATION DU SANG.

Si l'on se pique, avec une aiguille très fine, la main, la figure, le bras, il sort de la **blessure** une ou deux gouttelettes de **sang**.

Il y a du sang dans toutes les parties du corps couvertes de peau ; mais il n'y en a pas dans les dents, les ongles.

Si l'on pique, au printemps, une plante, on voit sortir de la piqûre la **sève** qui circule dans toutes ses parties. Ce n'est pas de l'eau pure. Elle contient en **dissolution** plusieurs substances qui servent à nourrir la plante. Le sang remplace chez les animaux la sève des plantes.

C'est dans le sang que notre corps puise tout ce dont il a besoin pour **grandir**, puis pour **réparer** son **usure** continuelle.

Par conséquent, le sang doit contenir tous les **matériaux** du corps humain, tout ce qu'il faut pour

former des muscles, des os, des ongles, des cheveux

Ce sont les aliments qui fournissent au sang tou
ces matériaux.

Notre corps change continuellement. Chacune des
parcelles infiniment petites dont il est composé dure

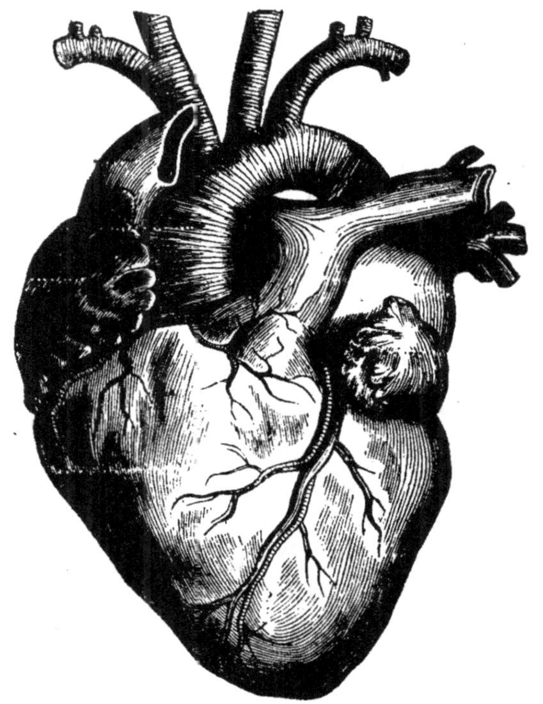

Le cœur, avec l'origine des veines et des artères.

très peu de temps. Dès qu'elle est usée, elle tombe
dans le sang, qui fournit aussitôt tout ce qu'il faut
pour la remplacer.

Le mot **circulation** indique que le sang n'est pas
immobile dans les tubes ou canaux qui le contien-

ment, mais qu'il s'y trouve en mouvement. Il change toujours de place, pour remplir ses diverses fonctions.

Le sang porte de l'oxygène dans toutes les parties du corps pour maintenir sa chaleur en **brûlant** lentement certaines parties usées et une partie des **aliments.** Il reçoit en échange du **gaz carbonique.** Le

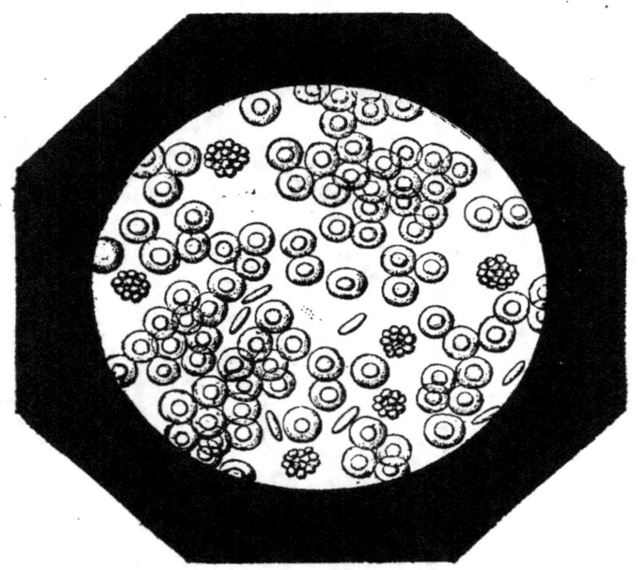

Gouttelette de sang, vue au microscope, montrant les globules.

sang fournit à toutes les parties du corps les **matériaux** dont elles ont besoin et emporte tous les **résidus** ; il faut, pour cela, que le sang **circule** sans cesse.

Le sang circule dans deux sortes de canaux ou **tubes** que l'on appelle les **veines** et les **artères.** Ces tubes nommés aussi vaisseaux sanguins se ramifient dans tout le corps, produisant des **ramifications** de plus en plus fines, à mesure qu'ils s'éloignent **de** leur point de départ.

Chaque artère se joint par son extrémité à **une** veine, en sorte que le sang passe des artères dans les veines pour accomplir sa **circulation** à travers le corps.

C'est le **cœur** qui se charge de produire et d'entretenir ce mouvement, cette circulation du sang.

Il y a des pompes qui **aspirent** de l'eau d'un puits et la **refoulent** pour l'élever à une certaine hauteur au-dessus du sol. Si l'on ramenait au puits par un tuyau l'eau refoulée par la pompe, on établirait une **circulation** analogŭe à celle du sang. Le cœur aspire le sang des veines, le refoule dans les poumons pour le mettre en contact avec l'air, **puis** le reprend pour le refouler dans les artères.

En passant par les poumons, le sang veineux, c'est-à-dire noirâtre, **laisse** son gaz carbonique, **prend** de l'oxygène, redevient rouge et rentre dans le cœur qui l'envoie dans les artères. Ce sang rouge perd en route son oxygène et se charge de gaz carbonique ; passe des artères dans les veines et revient noirâtre au cœur, après avoir parcouru son grand **circuit**.

Si l'on appuie légèrement les doigts un peu au-dessus du poignet, entre les deux os du bras, on sent **battre** l'artère qui s'y trouve au-dessous des veines

bleuâtres. Ce battement est le **pouls** que les médecins **tâtent** pour reconnaître si les mouvements ou **battements** du cœur sont réguliers : le pouls bat

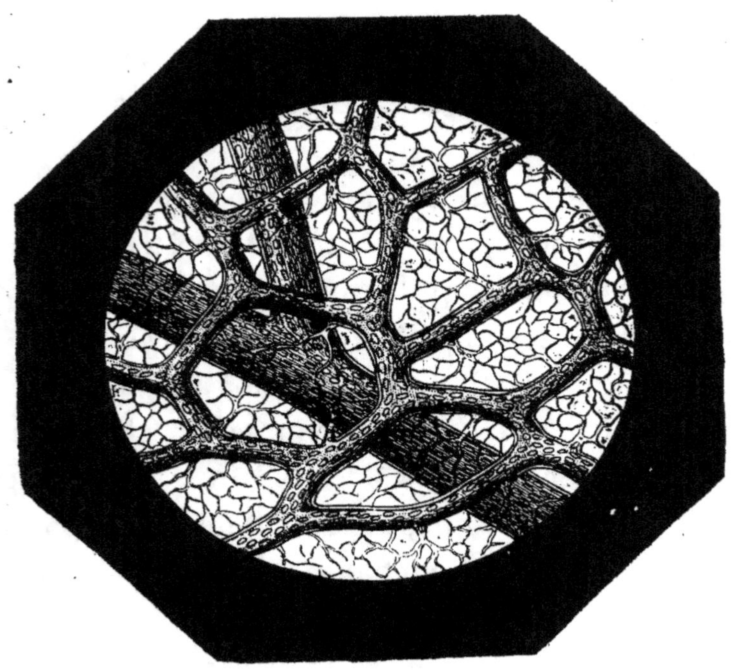

Circulation du sang dans les plus petits vaisseaux, vue au microscope.

chaque fois que le cœur se contracte pour refouler le sang dans les artères. La fièvre, les exercices violents, les émotions fortes accélèrent les battements du cœur.

VI. — DIGESTION.

L'une des fonctions du sang consiste à distribuer dans nos organes les **matériaux** dont ils ont besoin

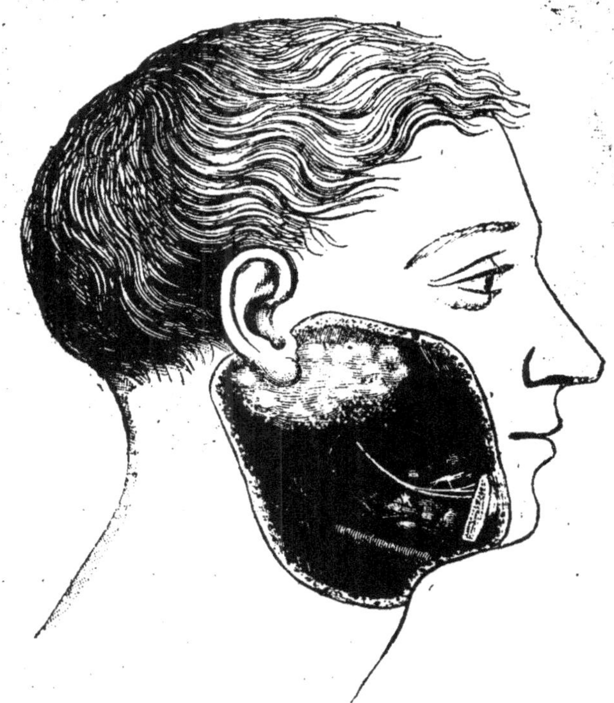

Côté de la tête, ouvert pour montrer les glandes salivaires.

pour **croître**, puis pour se **renouveler** constamment.

Ce sont les **aliments** qui fournissent au sang ces matériaux.

Pour que les aliments arrivent au sang, il faut qu'ils passent dans les **veines**.

La **digestion** consiste essentiellement à **modifier** nos aliments de telle sorte qu'ils puissent passer à travers les membranes qui forment les veines comme l'eau passe à travers un filtre. Pour cela, il faut que les aliments deviennent **solubles** et li-**quides**.

Pour manger une bouchée de pain sec, il faut le **mâ-cher**. En le mâchant, on l'**imbibe** de **salive**.

Si l'on mâche pendant longtemps une bouchée de pain, elle prend un goût lé-gèrement sucré, cela vient de ce que la salive contient un **ferment** qui a la propriété

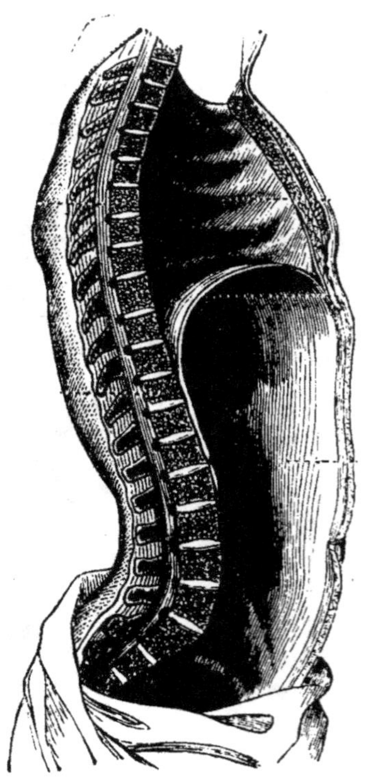

Le tronc coupé en deux pour montrer les deux grandes cavités séparées par le diaphragme.

de changer l'amidon en sucre. Cette **transforma-tion** commence dans la bouche et se complète dans l'intestin.

La salive joue un rôle très important dans la diges-tion : aussi l'on doit bien se garder de la perdre en crachant, sans nécessité.

Les aliments mâchés et imprégnés de salive sont avalés. Ils traversent un long tube, situé derrière la **trachée** ou tuyau à air des poumons et tombent pêle-mêle dans l'**estomac**. Si les liquides sont trop

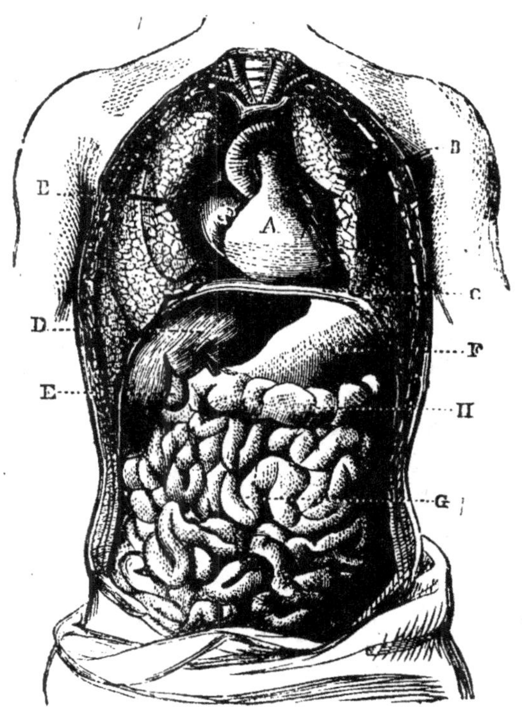

Coupe du tronc.

A, le cœur. — BB, les poumons écartés pour laisser voir le cœur. — C, le diaphragme. — D, le foie. — E, petite poche qui contient la bile. — F, l'estomac. — G, H, les intestins.

abondants, il se débarrasse de ce qui gênerait son travail : les petites veines qui tapissent ses parois en **absorbent** une partie.

L'estomac n'est pas un sac inerte chargé seulement

de loger les aliments. Ce sac est formé de plusieurs membranes dont l'une est musculeuse et a la propriété de se **contracter** lentement dans tous les sens. Ses contractions mélangent et brassent les aliments.

De plus, la paroi interne de l'estomac laisse suinter un liquide nommé **suc gastrique** qui agit principalement sur la viande de manière à la ramollir, à la

L'estomac. Vue intérieure.

changer en une pâte coulante imprégnée d'un **ferment** qui la rendra tout à fait liquide.

Quand tout est bien ramolli, mélangé, imbibé de liquides riches en ferments, le rôle de l'estomac est terminé : il a fabriqué ce que les médecins appellent le **chyme**, sorte de bouillie qui passe dans l'intestin.

En arrivant dans l'intestin la bouillie alimentaire ou **chyme** rencontre d'autres liquides très importants: la bile fabriquée par le foie, une sorte de salive produite par le **pancréas** et enfin un suc sécrété par l'intestin lui-même.

Grâce à la présence de ces nouveaux liquides, la bouillie fermente rapidement, se décompose, se liquéfie; elle devient un **liquide filtrable**, c'est-à-dire capable de passer à travers les membranes poreuses. Ce liquide prend le nom de **chyle**.

Il reste cependant quelques parties des aliments qui ont résisté à la digestion, qui ne sont pas devenues liquides et filtrables. Ces parties grossières, non digérées, forment un **résidu** dont l'intestin se débarrasse chaque jour.

Une partie du chyle, celle qui est le plus aisément filtrable, pénètre dans les veines de l'intestin ; l'autre entre, à travers leurs parois, dans des tubes spéciaux nommés **vaisseaux chylifères** qui vont se vider dans une grosse veine, de sorte qu'en définitive, le chyle passe de l'intestin dans les veines pour se mêler au sang.

VII. — LES NERFS.

Si l'on **veut** remuer le bras, ce ne sont pas les **muscles** du bras qui ont la **pensée**, la **volonté** de faire un mouvement. Les muscles sont par eux-mêmes **inertes,** c'est-à-dire incapables d'agir. Pour qu'ils entrent en action, pour qu'ils se contractent, il est indispensable qu'une certaine **force** les **excite**.

Cette force vient des nerfs. La pensée, la **volonté** qui met en action les nerfs vient du cerveau.

La substance nerveuse forme dans notre corps deux grandes **masses** ou deux **centres** principaux d'où partent, comme des fils de télégraphe, les nerfs proprement dits.

Les deux grands centres nerveux sont le **cerveau** et la **moelle épinière.**

Les mots cerveau et cervelle s'emploient dans un sens **figuré**, pour désigner l'esprit, la raison, l'intelligence.

Les **facultés intellectuelles** : pensée, mémoire, jugement, etc., se forment dans le cerveau. Il suffit d'une **blessure** légère, d'une **maladie**, pour déranger ou pour détruire les facultés dont le cerveau est le siège.

On appelle **fous** les gens qui ont perdu la raison :

ceux qui n'ont jamais eu de raison, qui en ont beaucoup moins que les autres hommes sont des **imbéciles** ou des **idiots**.

Le cerveau, enveloppé dans une triple **membrane**, remplit toute la cavité du **crâne**, qui lui forme une **boîte** osseuse très résistante.

Le cerveau est aussi protégé par les cheveux qui maintiennent la tête à une température à peu près constante, et servent, en outre, à amortir les **chocs** auxquels elle est exposée.

La **colonne vertébrale** ou **épine dorsale** est creuse. Cette longue cavité est remplie de substance nerveuse nommée **moelle épinière**, parce qu'elle se trouve là comme la **moelle** dans un os.

Le cerveau et la moelle épinière sont les deux principaux centres d'où partent les nerfs. Mais, tandis que

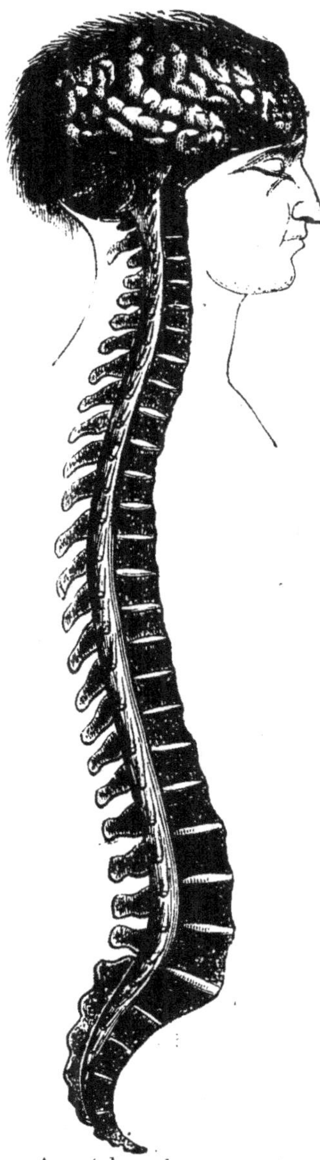

Le crâne et la colonne vertébrale ouverts pour montrer le cerveau et la moelle épinière.

le cerveau centralise **l'intelligence** et les **sensations** de la **vue**, de l'**ouïe**, du **goût**, de l'**odorat** ; la moelle épinière préside surtout aux **mouvements**, et aux sensations qui ont pour siège la **peau**.

En réalité, les grands centres sont en **communication** intime par l'intermédiaire d'une foule de **nerfs** ; de sorte qu'ils participent plus ou moins à tout ce qui se passe en nous.

Des centres nerveux partent les **nerfs**, sous forme de **fils** déliés qui se réunissent en **faisceaux**, puis se séparent, se subdivisent en **ramifications** d'une finesse extraordinaire. Ces fils pénètrent dans les **muscles**, dans la **peau**, s'insinuent dans les parois de

Un nerf et ses ramifications.
Grandeur naturelle.

l'**estomac**, des **intestins**, se glissent dans les minces membranes qui forment les **vaisseaux sanguins**.

Toutes les parties vivantes du corps sont sillonnées de nerfs. On les trouve partout excepté dans les **cheveux**, les **ongles** et la **couronne** des **dents**. Par eux, le cerveau est mis au courant de toutes les impressions. Par leur entremise, il ordonne **tous** les mouvements.

Mais la **machine humaine** est si compliquée que le cerveau aurait trop à faire s'il lui fallait **sentir** tout ce qui s'y passe et s'il était obligé de donner des **ordres** pour l'accomplissement de chaque **fonction.**

Aussi le cœur **bat,** la poitrine se **gonfle** et se **contracte,** l'estomac et les intestins **digèrent** sans que le cerveau s'en aperçoive. Il n'est averti que s'il y a

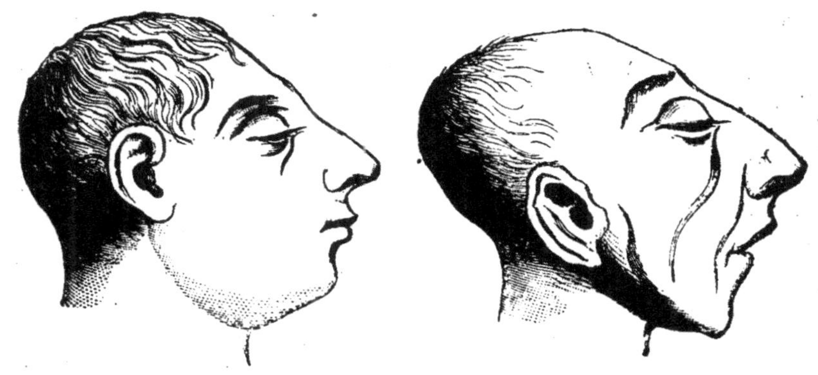

Têtes d'idiots.

quelque chose de dérangé. Une gêne, une **douleur** appellent alors son attention.

Aussi, dans une foule de circonstances, des **mouvements instinctifs** nous préservent d'un danger. On se jette en arrière en arrivant au bord d'un précipice, on ferme les paupières pour se préserver d'une lumière éblouissante ; on s'accroche à tout ce qui se présente si l'on court risque de se noyer. Tout cela

e fait sans que l'on ait eu le temps de **réfléchir**
et de **vouloir** le faire.

III. — LES SENS.

Si l'on passe doucement le bout des doigts sur une
feuille de papier glacé, un livre dont la couverture
est gaufrée, un mor-
ceau de planche non
rabotée, la peau de la
main est **impression-
née** par ces objets
d'une façon différente.

Les nerfs transmet-
tent au cerveau l'im-
pression faite sur la

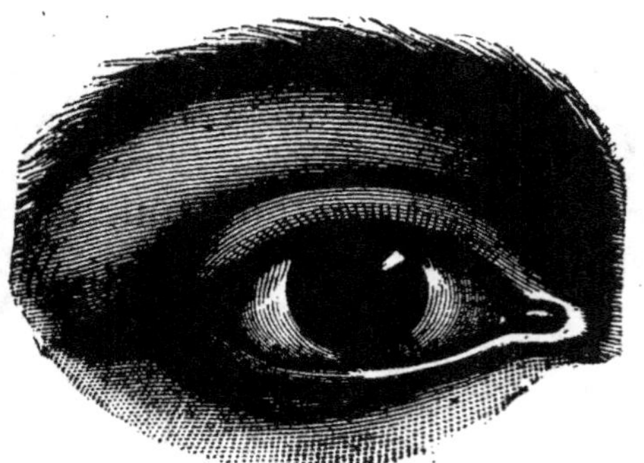

L'œil vu de face.

peau et l'on sent que l'on touche **des objets** dont la
surface est lisse, irrégulière ou rugueuse. L'esprit
juge, apprécie la **sensation** : l'impression devient
une **idée**.

La **possibilité**, la **faculté** de sentir, d'apprécier
les impressions s'appelle un **sens**.

Les parties du corps spécialement destinées à l'exercice des sens s'appellent **organes des sens**.

Ce sont les sens qui nous mettent en rapport avec

le monde qui nous entoure. Leurs indications n'ont de valeur que si nous **apprenons**, par l'**exercice** et par la **réflexion**, à nous rendre compte des sensations qu'ils nous procurent : il faut faire leur **éducation**.

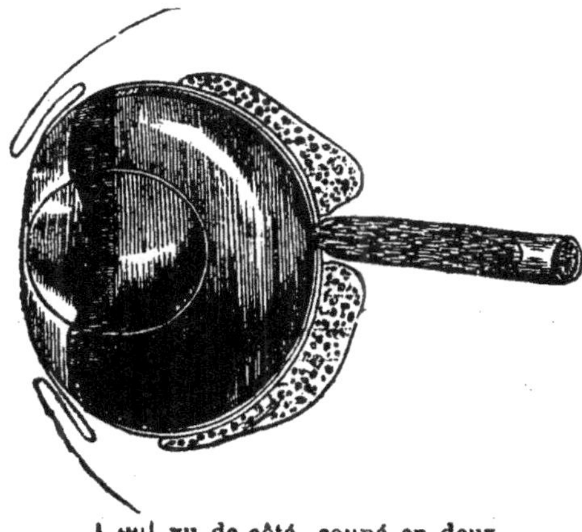

L'œil vu de côté, coupé en deux.

Il y a cinq sens : la **vue**, l'**ouïe**, l'**odorat**, le **goût**, le **tact**. Chacun d'eux a son organe spécial. En quelque endroit que l'on touche notre peau, nous éprouvons une certaine sensation, mais elle est beaucoup

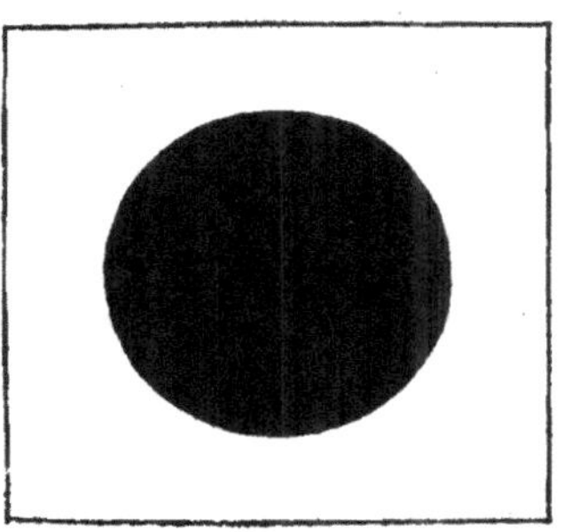

Deux surfaces égales, de couleur différente, paraissent inégales.

plus vive et plus délicate dans la peau du bout des doigts que partout ailleurs.

La **faculté** de sentir le contact des corps qui touchent notre peau a donc pour siège général ou pour organe la peau, et pour siège spécial le bout des doigts.

L'œil est l'organe de la vue ; l'oreille est l'organe de l'ouïe ; le nez et la langue sont les organes de l'odorat et du goût.

Pour que l'impression du goût se produise, s'il s'agit d'une matière solide, il faut que la langue soit humide, afin qu'une petite quantité de la substance se dissolve.

L'odorat a beaucoup de rapports avec le goût. Aussi, lorsque l'on boit, en se pinçant les narines, une tisane d'une saveur désagréable on ne perçoit pas cette saveur.

Le nez est recouvert, intérieurement, par une fine membrane dans laquelle se trouvent logés les nerfs destinés à recevoir les impressions des odeurs.

Fragment de peau vu au microscope. On y distingue la racine d'un poil, des glandes à sueur avec leurs canaux, un organe spécial du tact.

Pour les saveurs, comme pour les odeurs, l'habitude nous rend plus ou moins susceptibles et délicats.

Ce que l'on voit de l'oreille n'est qu'une partie

accessoire. L'organe de l'ouïe se trouve logé dans les os du crâne, à l'abri des accidents.

Si l'on jette une pierre dans de l'eau tranquille on voit se former des **ondes** tout autour du point où la pierre est tombée. De même les sons font vibrer l'air et y forment des **ondes**. Elles arrivent à notre oreille, rencontrent une **membrane** tendue comme la peau d'un tambour, le **tympan** de l'oreille, et le font vibrer

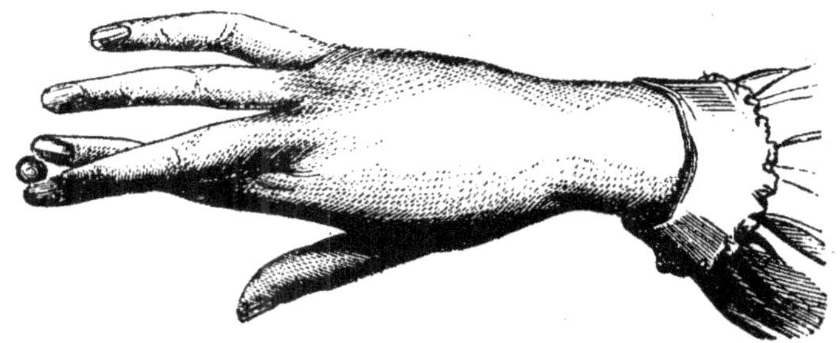

Une bille, touchée avec les doigts croisés, semble double au toucher.

à son tour. Ce sont ces **vibrations**, dont nous avons conscience, qui forment les **bruits**, les **sons**.

Notre œil est disposé comme une **chambre obscure**, où la lumière ne pénètre que par un petit trou. La **pupille** placée au centre de la prunelle est le petit trou par où entre la lumière. En arrière de la prunelle est ajustée une **lentille** transparente. Derrière la lentille s'étale un nerf très sensible.

La lumière réflétée par les objets impressionne ce nerf, et cette impression est transmise de telle sorte à notre cerveau que nous **voyons** les objets.

DEUXIÈME PARTIE

LES ANIMAUX

IX. — LES TROIS RÈGNES.

Si l'on renfermait dans une armoire une **pierre**, un **oiseau**, un **pot-de-fleurs**, et si l'on n'ouvrait l'armoire qu'au bout d'un an, on constaterait que la

Cristaux de quartz.

pierre n'a pas changé ; mais on trouverait la plante et l'oiseau **morts,** desséchés, inertes comme la pierre.

L'oiseau serait mort parce qu'il n'aurait pas **mangé**, et la plante parce qu'on ne l'aurait pas arrosée.

Il y a donc deux sortes d'êtres très différents : ceux qui n'ont besoin ni de boire ni de manger; ceux qui ont besoin d'aliments. Les uns **vivent** : les autres ne vivent pas. Ceux qui ne vivent pas sont des **minéraux**.

La plante.

La plante naît, grandit, produit des graines et meurt. Elle prend dans l'air et dans la terre des **aliments** qu'elle **transforme** en **racines**, en **tige**, en **rameaux**, en **feuilles**, en **fleurs**, en **graines**.

Pour transformer ainsi les aliments, les plantes doivent avoir des **organes,** c'est-à-dire des parties distinctes, chargées de **fonctions** spéciales.

Dans les minéraux il n'y a pas d'organes, on n'y trouve rien qui rappelle la structure, l'**organisation** d'une plante ou d'un animal ; ils sont faits de **matière brute.**

Organisation de la plante. — Fragment de tige vu au microscope.

Les animaux naissent, grandissent et meurent comme les plantes : ils ont besoin d'aliments pour **vivre**, pour **grandir**, pour ne pas se **refroidir**, pour réparer l'**usure** de leur corps, car la vie des animaux consiste en une usure et une **réparation** continuelles. De ce qui formait leur corps il y a quelques années, il ne reste rien aujourd'hui. Tout s'est renouvelé, miette à miette.

Enfin, une partie de leurs aliments se transforme en **force**, pour courir, voler, chasser ou travailler.

Ainsi les **minéraux** sont de la matière brute. On ne les voit ni naître, ni grandir, ni mourir. Ils n'ont pas besoin d'aliments, ils ne bougent pas.

Les végétaux ne bougent pas, mais sont **organisés,** afin de pouvoir vivre. Ils naissent, grandissent et meurent. Ils ont besoin de très peu d'aliments pour vivre ; ils changent le reste en **bois**, en **feuilles**, en **fleurs**, en **fruits**.

Les **animaux** sont organisés, ils vivent. Ils naissent, grandissent et meurent. Ils ont besoin de beaucoup d'aliments, même quand ils ne grandissent plus. Ces aliments leur servent à se maintenir **chauds**, à réparer **l'usure** de leur corps, à produire de la **force** pour se mouvoir.

L'oiseau.

Les plantes n'ont pas de **systèmes nerveux**. Par conséquent elles ne peuvent avoir ni **sensations**, ni **pensées**, ni **volonté**. Elles sont **inertes**. Si l'on retranche une branche d'un arbre, il ne s'en aperçoit pas.

Les animaux, au contraire, ont un système nerveux. Chez le plus grand nombre le système nerveux est assez perfectionné pour que l'animal **pense**, pour qu'il exerce sa **volonté**.

A mesure que le système nerveux se perfectionne chez les animaux, ils acquièrent une sensibilité plus délicate, leur intelligence est plus développée, ils se rapprochent davantage de l'homme.

Après avoir constaté ces **différences** entre les minéraux, les végétaux et les animaux, les naturalistes ont divisé tous les **êtres** qui se trouvent sur la terre en trois catégories qu'ils ont appelées **règnes** : ce sont le **règne minéral**, le **règne végétal**, et le **règne animal**.

X. — CLASSIFICATION DES ANIMAUX.

Pour s'occuper de **zoologie** ou science des animaux, il faut d'abord les classer par catégories.

Pour cela on s'applique à réunir ceux qui se ressemblent et qui sont organisés, au fond, de la même manière. Ainsi tous les **oiseaux** ont le corps couvert de **plumes**. Voilà un point de ressemblance sans exception, par conséquent nous avons une caté-

gorie d'animaux bien séparée des autres : **la classe**
des oiseaux.

Le corps des **poissons** est couvert d'**écailles**,
voilà donc encore une grande classe facile à établir.
Il est vrai que certains poissons, comme l'anguille,
n'ont pas d'écailles, mais tout animal à écailles **est**
un poisson.

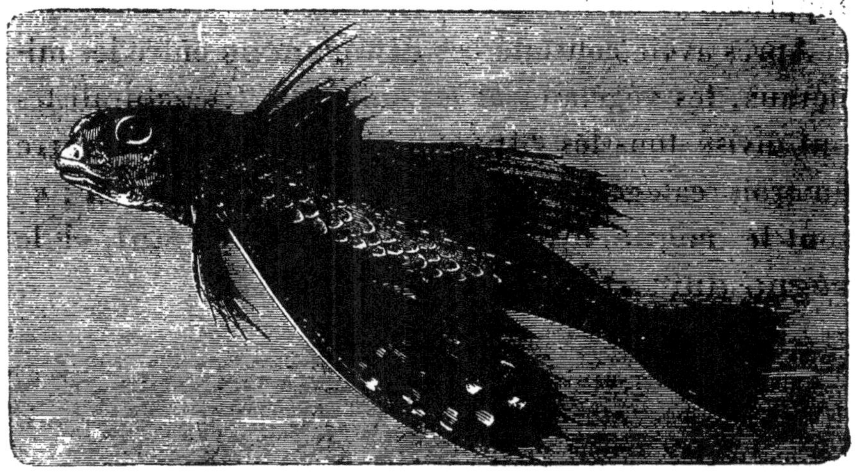

Poisson volant de la Méditerranée. — Longueur, 0ᵐ,35.

Les serpents, les lézards, les crocodiles, les tortues
n'ont pas de **vraies écailles** que l'on puisse détacher comme celles des poissons : ils **rampent** plus ou
moins sur la terre ; ce qui les a fait nommer **reptiles**.

La vache, le mouton, le chien, le chat, le lapin, le
lièvre, la souris sont couverts de **poils** ; ils élèvent
leurs petits avec le **lait** de leurs mamelles.

Voilà encore une règle sans exception. **Tous les**

animaux à poil élèvent leurs petits avec le lait de leurs mamelles. Ce sont des animaux **mammifères,** c'est-à-dire porteurs de mamelles : on peut en faire une catégorie à part.

Si l'on compare l'hirondelle à une sardine ; le lézard à un chien ; ou bien la carpe et le crocodile, le bœuf et l'autruche, on ne leur trouve d'abord rien de commun. Mais ils possèdent tous une **charpente** intérieure, un **squelette.**

Comme la partie principale du squelette est la **colonne vertébrale,** formée d'os plats percés d'un trou que l'on nomme **vertèbres,** ce caractère suffit pour établir une grande catégorie des animaux **vertébrés** compre-

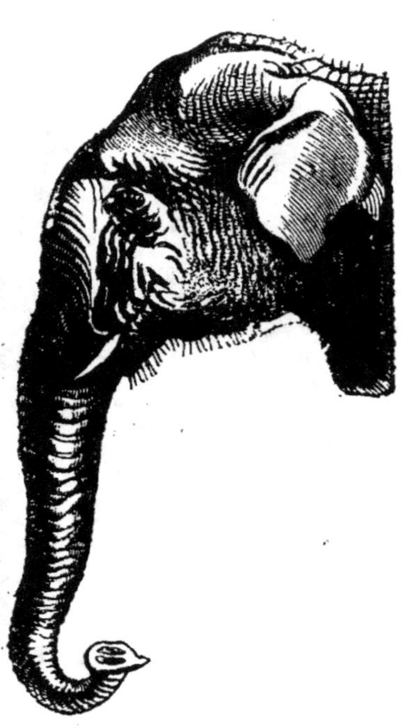

Tête d'éléphant.

nant diverses classes : les **mammifères,** les oiseaux, les **reptiles** et les **poissons.**

Il existe dans la mer des animaux qui présentent dans leur ensemble la forme d'une **étoile,** ou dont certaines parties sont disposées comme des **rayons** autour d'un centre. Tels sont l'**étoile de mer,** le

polype du **corail** qui s'épanouit comme une petite fleur à huit pétales étroits formant couronne. On peut prendre ce caractère comme terme de comparaison et former une catégorie des **animaux rayonnés**.

D'autres animaux ont un corps mollasse muni de **tentacules** qui leur servent à **explorer** le terrain ou à **saisir** leur **proie**. Quelques-uns comme l'**huître**, l'**escargot**, sont protégés par une coquille, mais comme ils sont tous plus ou moins mollasses, on les appelle **mollusques**.

Si l'on examine le corps d'un **millepieds**, le ventre d'une **écrevisse**, la queue d'un **scorpion**, le ventre d'un **hanneton**, d'une **mouche**, on y distingue des **anneaux**. Ces anneaux sont joints ensemble de manière à se mouvoir, ils sont donc **articulés**.

Fourmi.

Cette disposition se retrouve plus ou moins évidente dans le corps et la tête des insectes, comme l'**abeille**, le **papillon**, la **libellule**, l'**araignée**. Tous sont formés d'un certain nombre de parties très distinctes, composées d'anneaux tantôt articulés, tantôt soudés ensemble.

Voilà donc un caractère général facile à reconnaître, au moyen duquel on forme une catégorie d'animaux divisés en **anneaux**, en **sections** plus ou

moins articulées. Nous les appellerons des **animaux articulés.**

On distingue dans le corps d'une mouche, d'une **fourmi**, d'un **carabe**, d'un **papillon**, trois parties : la tête, la poitrine et le ventre.

Ces parties ou **sections** sont réunies par des filets très minces. Dans la grande catégorie des animaux articulés, nous pouvons donc séparer une classe qui comprendra tous ceux dont le corps est divisé, sectionné d'une manière bien distincte et nous l'appel-

Dauphin. — Longueur, 3m,30.

lerons classe des **insectes.** Nous aurons soin d'ailleurs de n'y admettre que des **bêtes à six pattes** de sorte que l'araignée qui en a huit n'y peut être admise.

Quant aux **vers** ils n'ont pas tous de vrais anneaux. Ainsi dans le ver de terre, ce sont des **muscles** qui simulent les anneaux.

En procédant de cette manière on peut placer n'importe quel animal dans l'une des catégories que nous

venons de former ; animaux **rayonnés, mollus-**
ques, articulés, vertébrés. On peut aussi, dans
la catégorie des articulés, reconnaître la **classe** des
insectes, de même que dans la catégorie des
vertébrés nous avons distingué les mammifères, les
oiseaux, les reptiles, les poissons.

Telle est, en résumé, la manière dont on divise en
catégories ou **embranchements**, puis en **classes**
bien distinctes, tous les êtres qui appartiennent au
règne animal.

XI. — LES PREMIERS DEGRÉS DE LA VIE ANIMALE.

L'eau dans laquelle on a fait **infuser** du **foin**, des
herbes, paraît habitée par une foule
de **petits êtres** appelés **microsco-**
piques parce qu'on ne peut les voir
qu'au moyen d'un microscope. Toutes
ces petites bêtes très curieuses, **invisi-**
bles à l'œil nu, qui grouillent dans une
goutte d'infusion d'herbes, s'appellent
des animaux **infusoires**.

Une loupe.

Un de nos grands savants, **M. Pas-**
teur, a beaucoup étudié les petits êtres microsco-

piques qui causent de graves maladies aux hommes, aux plantes, aux animaux. C'est à lui surtout que l'on doit de bien connaître la cause de la maladie contagieuse nommée **charbon** et les moyens d'en préserver les troupeaux. Il a fait plus. Il a inventé un moyen de **vacciner** les moutons contre le charbon comme on vaccine les enfants pour les préser-ver de la **petite vérole**. Cette inven-tion sauve tous les ans des millions à nos agriculteurs.

En étudiant les êtres microscopiques M. Pasteur a rendu bien d'autres ser-vices. Grâce à lui on connaît et l'on prévient la **maladie** des **vers à soie** qui ruinait une de nos industries ; les bêtes à cornes ne mourront plus d'une maladie con-tagieuse de la poitrine nommée **péripneumonie**, si l'on prend la peine de les vacciner. Et pour plusieurs des maladies de l'homme on espère arriver à des résultats non moins utiles.

Ces exemples montrent à quoi peut servir l'**étude** des animaux invisibles à l'œil nu.

L'éponge dont on se sert dans les ménages est la carcasse d'un animal qui vit dans la mer ou plutôt d'une **colonie** de petits êtres si bien **soudés** ensem-ble que l'on dirait un seul animal.

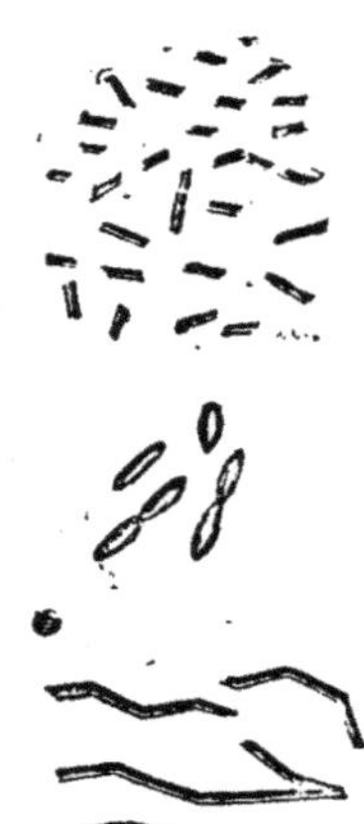

Infusoires. — Gros-sis 500 fois en longueur.

Pour la livrer au commerce on pétrit l'éponge dans de l'eau froide, puis dans de l'eau chaude, afin de

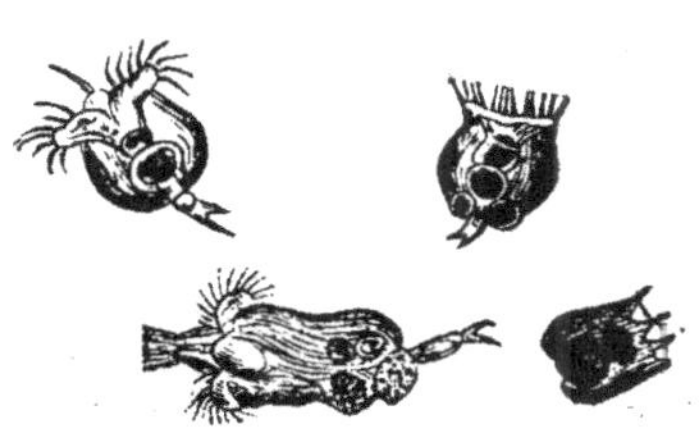

Rotifères. — Grossis 500 fois en longueur.

Anguilles microscopiques du vinaigre. — Grossies 300 fois en longueur.

la débarrasser de la matière gélatineuse qui couvre ses fibres élastiques et dures.

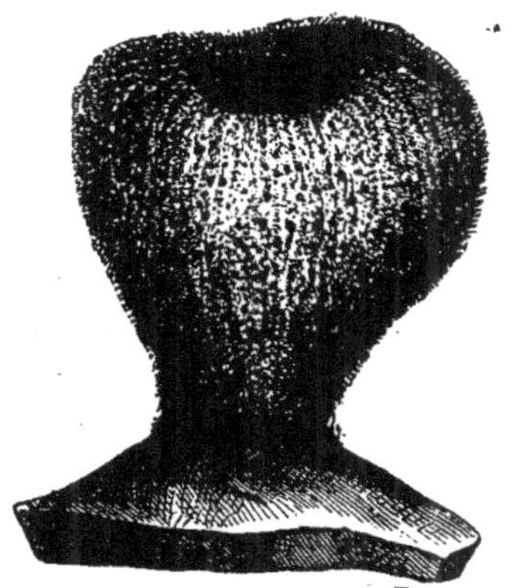

Éponge sur un rocher. Atteint parfois 0m,30 de hauteur.

Branche de corail. — Grossie 20 fois en longueur.

On pêche beaucoup d'éponges de bonne qualité dans la Méditerranée.

Le **corail** est le squelette d'une autre sorte de

colonie. Ce squelette est composé de chaux et de gélatine. Les petits animaux qui produisent le corail s'appellent **polypes** : ils sont fort jolis ; on dirait une **fleur** dont la **corolle** consisterait en huit pé-

Étoile de mer. — Taille, de 0ᵐ,05 à 0ᵐ,15 en diamètre.

tales étroits disposés comme des **rayons** autour du centre. Ces rayons sont les **tentacules** du po- lype.

On pêche le corail rouge sur les côtes de la Médi- terranée, pour en faire des **bijoux**.

Dans les mers très chaudes, il y a de nombreuses **îles** bâties en corail blanc par les polypes.

L'astérie, ou **étoile de mer**, très commune sur nos plages, est un type parfait d'animal rayonné. Elle n'est d'ailleurs intéressante que pour sa forme d'étoile.

On trouve dans l'eau des mares un très petit polype nommé **hydre**. Vous pouvez le hacher en morceaux, et chaque morceau grandit, pousse, produit des tentacules ; de sorte que chaque fragment est devenu un polype complet.

Certains polypes vivent en colonies comme ceux du corail. Ils produisent des sortes de bourgeons, qui deviennent des **méduses**.

Le corps des méduses est mou, flasque, à demi transparent : il prend la forme d'un champignon, d'une ombrelle, d'un bonnet grec, garnis d'une frange. En dessous et au centre on voit une sorte de sac entouré de **tentacules**.

XII. — LES MOLLUSQUES. — LES VERS.

Il y a dans la mer des animaux qui ressemblent à d'énormes polypes : ce sont les **poulpes**.

Le corps des poulpes est une sorte de sac qui contient des organes nécessaires à la respiration et à la digestion. Autour de la tête sont rangés huit larges **tentacules** très souples et très forts. C'est au moyen de ces tentacules que le poulpe, ou la **pieuvre** comme on l'appelle en Bretagne, saisit sa proie. Il la retient au moyen de **ventouses** ou **suçoirs** qui garnissent ses tentacules.

La seiche. — Longueur du corps, sans les tentacules, 0ᵐ,35.

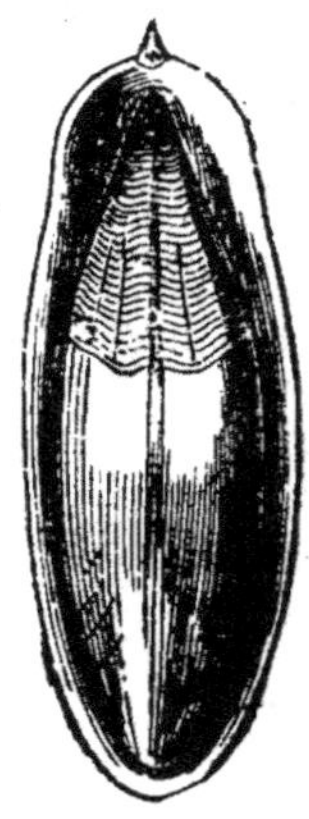

Os de seiche. — Longueur, 0ᵐ,18.

La seiche est une sorte de poulpe. Dans son abdomen se trouve une petite poche pleine d'un liquide brun-noiràtre. Lorsque l'animal est poursuivi, il lance ce liquide dans l'eau pour cacher sa fuite. Ce liquide sert à préparer la couleur nommée **sépia**. Dans le corps de la seiche se trouve une sorte de **coquille** blanche, légère, nommée communément **os de seiche,** que l'on suspend dans la cage des oiseaux et dont on fait de la **poudre dentifrice**.

Quand l'**escargot** ou **limaçon** rampe, son **corps** reste dans la coquille. Ce que l'on voit est la tête et le pied.

Escargot. — Grandeur naturelle.

La tête porte deux **tentacules** que l'on appelle vulgairement **cornes**. Les deux plus petits servent principalement à tâter le terrain, à **palper** les objets : les deux autres sont terminés par des points noirs que l'on croit être des **yeux**.

Le pied de l'escargot peut s'allonger et se raccourcir, se mouvoir dans tous les sens. Il lui sert à ramper, à glisser lentement.

L'escargot se nourrit des feuilles tendres des plantes et de fruits bien mûrs.

A l'automne, l'escargot ferme l'entrée de sa coquille avec une sorte de **bave** gluante. Le liquide se dessèche et forme une porte solide comme de la corne. Cela fait, l'animal s'endort jusqu'au printemps.

Les **limaces** sont des sortes d'escargots avec ou sans coquille. Quelques-unes, comme la **testacelle**, portent une toute petite coquille à l'extrémité du corps. La **limace grise** n'a qu'une coquille rudimentaire sous la peau ; enfin la **limace rouge** n'en a pas du tout.

Jeunes huîtres sur un morceau de bois, âgées de 15 jours à 6 mois.

L'huître est moins bien organisée que l'escargot. Elle n'a pas de **tête**. Son corps mou, plié en deux, recouvre ses organes, de la même manière que les **co-quilles** recouvrent son corps.

La partie extérieure des coquilles est **rugueuse,**

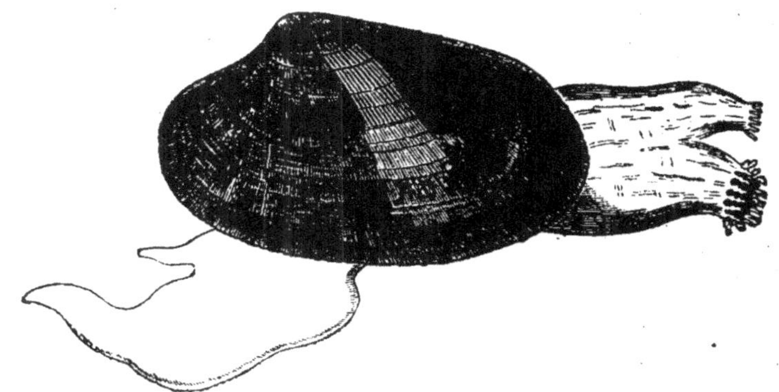

Donace, mollusque marin comestible. — Grandeur naturelle.

raboteuse, irrégulière. L'intérieur est uni, poli, souvent la lumière y fait paraître des **irisations** éclatan-

Vers de terre. — Longueur 0^m,25.

tes qui donnent sa valeur à la **nacre.** La plus belle nacre est fournie par un animal assez semblable à l'huître, mais beaucoup plus grand, qui vit dans les mers chaudes de l'Inde et de l'Amérique. On l'appelle **huître perlière**, ou **mère de perles**. Ce nom vous indique que ce même animal produit les **perles fines**.

Le poulpe, la seiche, l'escargot,

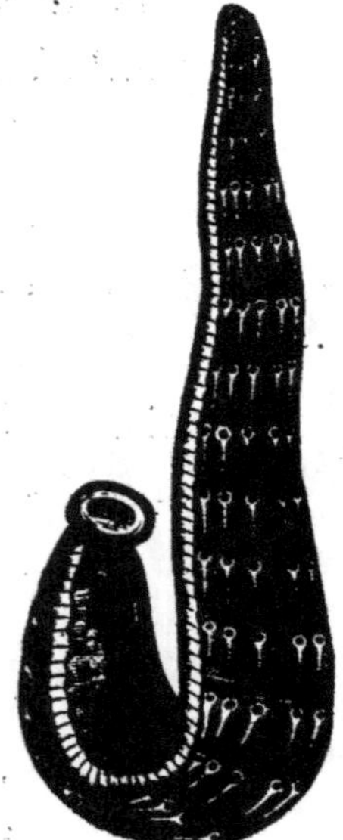

Sangsue. — Grandeur naturelle.

Trichines, vues au microscope. — Grossies 500 fois en longueur.

la limace, l'huître ont un corps **mollasse**, ce qui

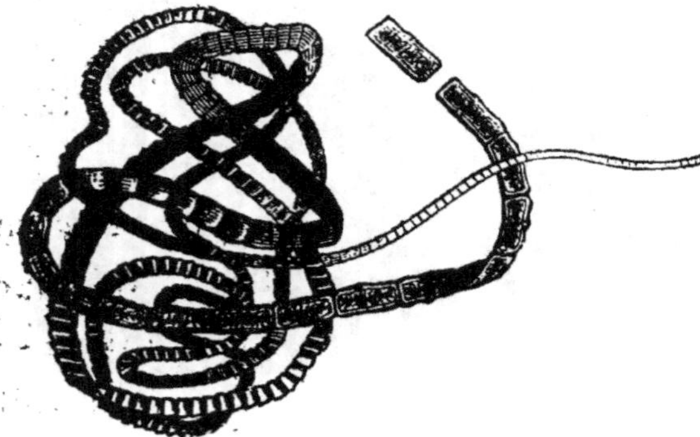

Ver solitaire. — Atteint parfois 6 à 8 mètres de longueur.

fait donner aux animaux de cette catégorie le nom de **mollusques**.

Le corps du **ver de terre** est cylindrique, aminci aux deux extrémités. Il semble formé d'anneaux, **d'articulations**; cependant il n'a pas d'articulations véritables. Ce qui simule les anneaux, chez les vers de terre et les **sangsues**, ce sont des muscles, dont les intervalles laissent voir la peau mince et plissée.

Il y a plusieurs sortes de vers qui vivent parfois dans notre corps; ce sont : l'**ascaride**, qui ressemble à un ver de terre; la **trichine**, qui nous vient du porc; le **ver solitaire** long de plusieurs mètres, qui ressemble à un ruban composé de petits morceaux cousus bout à bout.

Les **vers** forment une sorte de **transition** entre les **mollusques** et les animaux **articulés**.

XIII. — LES ANIMAUX ARTICULÉS.

La tête de l'**écrevisse** est très longue; elle se confond presque avec le dos. En avant elle finit par deux pointes. De chaque côté de ces pointes se trouvent les **yeux** et de longues **antennes**. On voit aussi, en avant, de petites antennes très courtes.

L'écrevisse a dix pattes. Entre les pinces se trouvent aussi deux sortes de petites pattes qui ne lui servent pas pour marcher, mais bien pour retenir sa proie et pour seconder les mâchoires.

Les deux premières pattes sont très grosses et terminées par des **pinces**.

Écrevisse. — Longueur, sans les antennes, 0ᵐ,12.

Le dos et la poitrine sont renfermés dans une sorte de boîte. Le **ventre**, que l'on nomme communément la queue de l'écrevisse, est composé d'anneaux.

L'écrevisse respire, comme les poissons, l'air dissous dans l'eau. Elle se nourrit de poissons, de vers, d'insectes.

La femelle colle un à un ses œufs aux **fausses pattes** qui garnissent son ventre.

Lorsque l'écrevisse a perdu un membre, il **repousse**.

Les écrevisses mâles **muent**, c'est-à-dire changent de **carapace** deux fois par an.

Cet animal grandit très lentement. A dix ans, il pèse environ 50 grammes.

Les **crevettes**, très communes sur nos côtes, sont organisées à peu près comme l'écrevisse.

L'écrevisse est d'un brun verdâtre ; l'eau bouillante

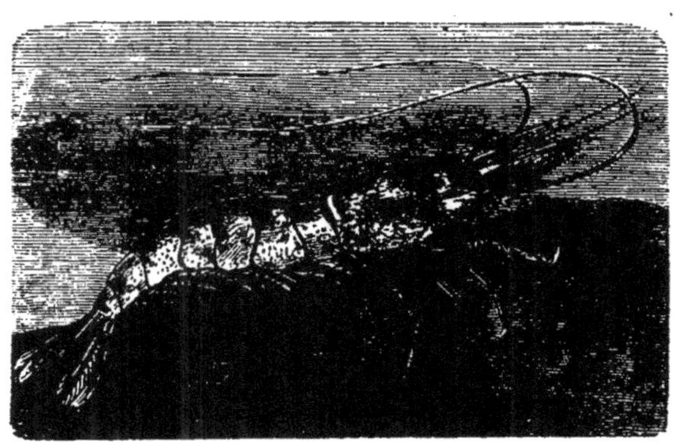

Crevette (crangon). — Longueur, sans les antennes, 0ᵐ,06.

la fait devenir rouge, comme les **crabes**, les **homards** qui ont aussi la carapace coriace, pierreuse, inscrustée de chaux, qui a valu à tous ces animaux le nom de **crustacés**, qui veut dire **encroûtés**.

Chez tous ces animaux, la carapace est divisée en

Petit crabe, parasite des huîtres et des moules. — Largeur 0ᵐ,01.

segments, en **sections**, c'est-à-dire en parties bien distinctes **articulées** les unes avec les autres au moyen d'une peau flexible, comme l'**armure** des anciens chevaliers.

Le corps de l'**araignée** est aussi sectionné et articulé. Mais elle n'a pas de petites cornes, d'**antennes** sur la tête. En outre elle a huit pattes, c'est-à-dire deux de trop pour être un insecte.

L'araignée et le **mille-pieds**, qui a au moins 24

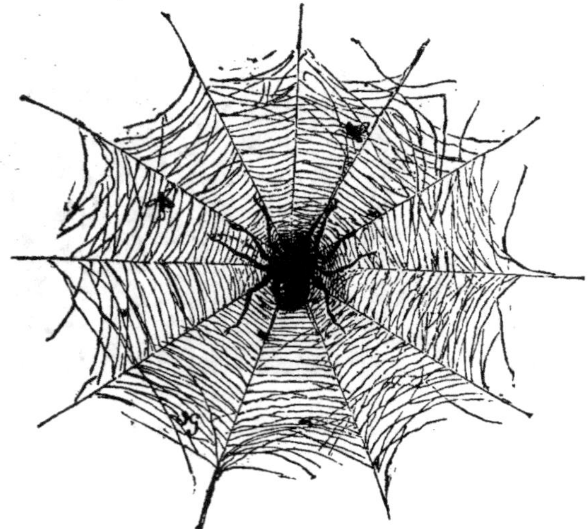

Araignée Epeire-diadème. — Longueur 0ᵐ,015.

pattes, ne sont donc pas des insectes, mais ils servent de types pour former, parmi les animaux **articulés**, des classes distinctes : celles des **mille-pieds**, et celle des **araignées**.

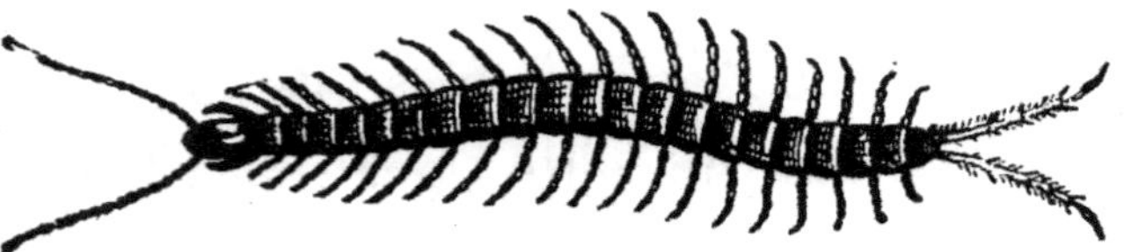

Mille-pieds (scolopendre). — Grandeur naturelle.

Ainsi l'on peut former une grande **catégorie**, ou **embranchement** d'animaux qui comprendra tous ceux dont le corps, couvert d'une peau coriace, est articulé comme chez l'**écrevisse**, le **mille-pieds**, l'**araignée**, les **insectes** de toute sorte.

Mais cette catégorie comprend un nombre immense de petits **articulés** qui offrent certaines particularités : leur tête porte des appendices allongés en forme de **cornes, d'aigrettes** ; ce sont des **antennes**. A leur poitrine sont attachées **six** pattes, jamais plus. Voilà deux caractères faciles à reconnaître. On les utilise pour former la **classe** des insectes.

XIV. — LES INSECTES.

Les **insectes** sont des animaux **articulés**, qui présentent deux caractères remarquables : leur tête porte des **antennes** ; ils ont tous **six pattes**.

La tête de la **mouche commune** est courte, large et couverte de duvet. Les antennes sont courtes. De chaque côté de la tête on voit de très gros yeux formés par une multitude de petits yeux serrés les uns contre les autres.

Les antennes sont les **organes du tact**. Il est probable qu'elles contiennent aussi les organes de **l'ouïe** et de **l'odorat**.

La mouche mange au moyen d'une **trompe**. Cette trompe, terminée par une sorte de petite bouche ovale divisée en deux lèvres, est pourvue d'un petit **aiguillon** qui lui sert à percer l'enveloppe des fruits.

Les trois sections du corps d'une Guêpe.

Le papillon possède aussi une trompe, très longue, enroulée lorsqu'il n'en fait pas usage. Mais comme il n'a pas d'aiguillon, il ne peut se nourrir que des

La Mouche domestique.

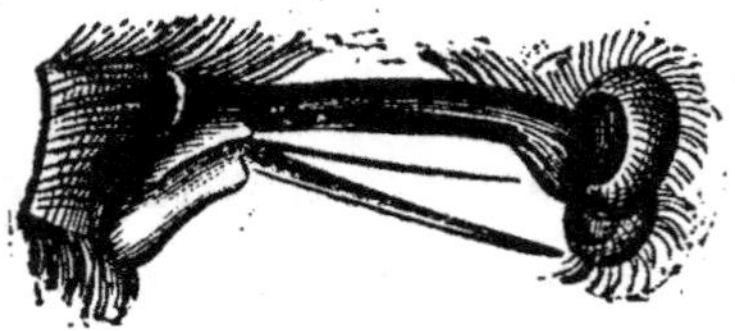

Aiguillon de la mouche grossi.

liquides sucrés sécrétés par certaines parties des fleurs.

Le carabe, qui est grand chasseur, possède une formidable mâchoire accompagnée de plusieurs pièces accessoires qui lui aident à retenir et à déchiqueter sa proie.

Le **thorax** de la mouche est long et couvert de duvet. Aux deux côtés sont attachées les deux ailes. En dessous, se trouvent les six pattes.

Les ailes ressemblent à une feuille qui serait très mince et transparente. On y voit de grosses nervures et une foule de petites.

La plupart des insectes ont des ailes, mais elles ne ressemblent pas toutes à celles de la mouche.

Les ailes de la **demoiselle**, ou mieux **libellule**, sont au nombre de quatre, très grandes, très fortes,

Papillon. — Grandeur naturelle.

Carabe doré. — Grandeur naturelle.

consolidées par des nervures très apparentes. Elles brillent au soleil comme de la nacre. Les ailes des papillons sont couvertes de très fines écailles qui se détachent au moindre frottement.

Chez le **hanneton**, le **carabe**, on ne voit pas les

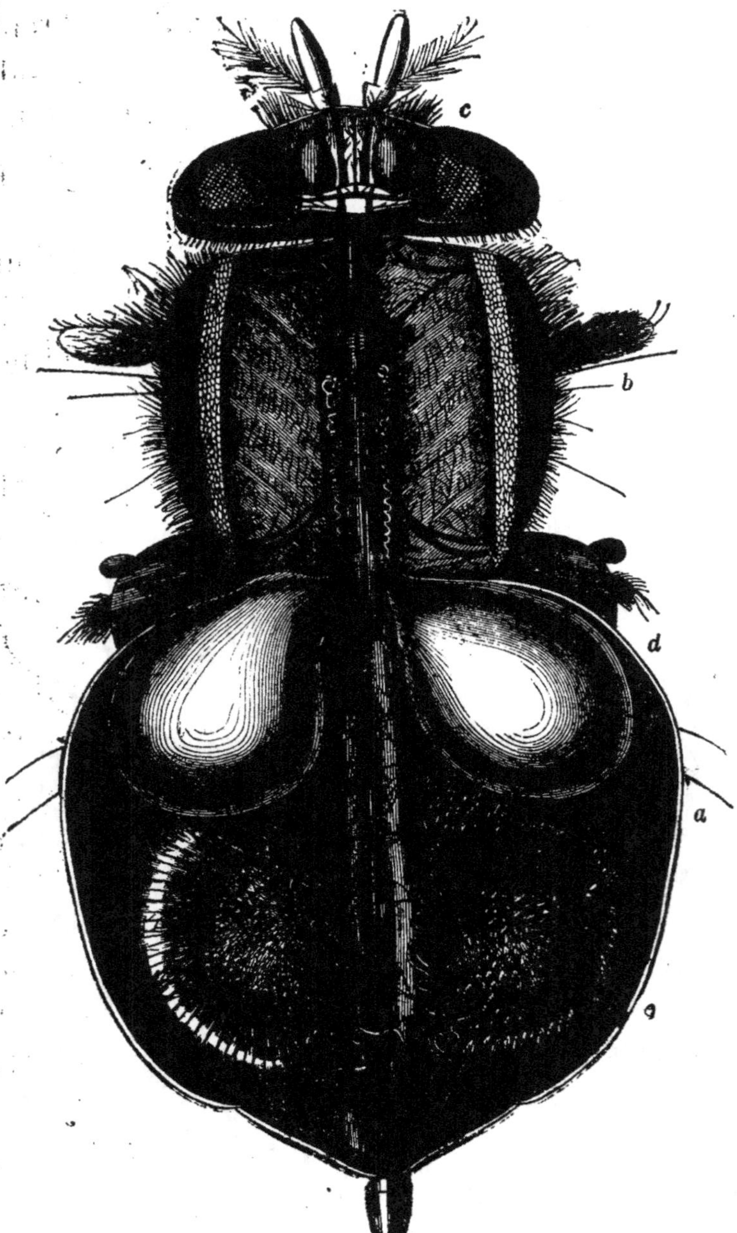

Corps d'une mouche coupé en deux, montrant ses chambres à air.
vu au microscope.

vraies ailes quand ils sont au repos : elles sont repliées sous les **élytres**. Les pattes de la mouche sont velues, terminées par des crochets et par de petites ventouses qui leur permettent de marcher sur les corps polis et de se suspendre la tête en bas.

Les insectes qui ne vivent pas dans l'eau respirent d'une façon particulière. L'air entre par une série de petits trous pratiqués sur les côtés du corps, et pénètre dans des tubes très fins diversement enroulés qui communiquent avec des **chambres à air** où l'insecte peut accumuler une réserve, pour se rendre léger et pour faciliter son vol. Le hanneton se prépare à s'envoler par quelques inspirations profondes qui remplissent ses chambres à air.

Quelques insectes ailés comme l'abeille portent à l'abdomen un **aiguillon** creux qui communique avec une petite glande qui sécrète un **venin** très énergique.

La mouche ne sort pas de l'œuf avec sa forme définitive. Elle n'est d'abord qu'un petit ver. **L'asticot** des pêcheurs est un ver, une **larve** de mouche. Cette larve est carnassière. Voilà pourquoi les mouches cherchent à pondre dans des cadavres, ou même dans la peau d'animaux vivants.

Ce ne sont pas seulement les insectes qui sont soumis aux **métamorphoses** : presque tous les animaux articulés se transforment plus ou moins.

XV. — LES MÉTAMORPHOSES.

Tout animal qui n'a pas encore pris sa forme définitive d'adulte est à l'état de **larve** ou de **nym-**

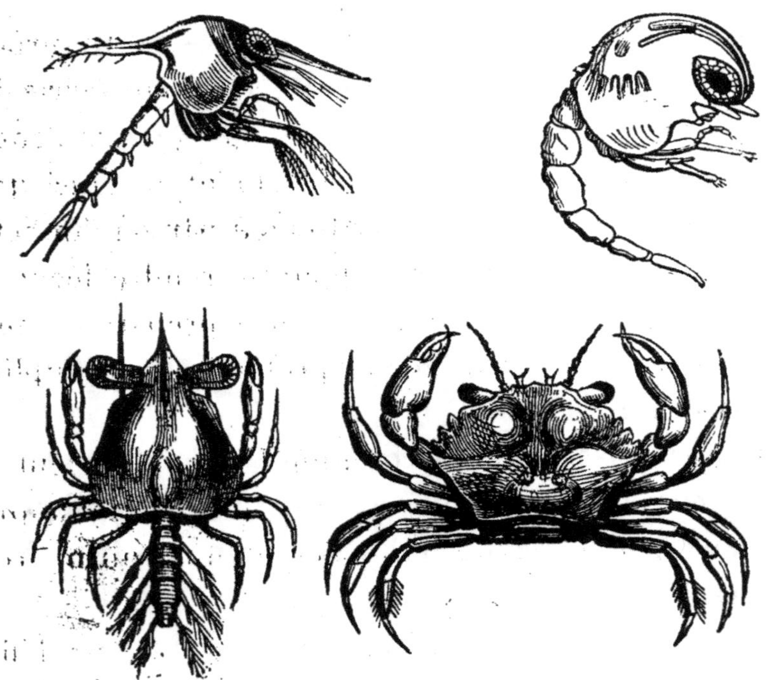

Diverses phases de la vie d'un crabe. —Un tiers de grandeur naturelle.

phe. La nymphe est une larve déjà transformée et
engourdie.

Parmi les **crustacés** il y en a qui subissent de
curieuses métamorphoses. Ainsi le **crabe** sort de
l'œuf sous une forme tout à fait différente de celle
qu'il doit prendre en devenant **adulte**.

Il y a des insectes qui ne subissent pas une **méta-**morphose complète, et qui ne passent pas par l'état de nymphe. Tel est le **perce-oreilles**, dont le petit n'a pas d'ailes.

Le nom de perce-oreilles, que l'on a donné à la

Criquet voyageur, amas d'œufs, et jeunes dépourvus d'ailes. — Grandeur naturelle.

forficule, lui vient de ce que les pinces qui terminent son abdomen ressemblent à un instrument dont les bijoutiers se servent pour percer les oreilles des petites filles afin d'y passer des boucles d'oreilles.

Ce petit insecte ne fait aucun mal à l'homme ; mais il mange les œillets, les roses, les dahlias et les fruits.

Les larves du **grillon**, de la **sauterelle**, du **criquet**, acquièrent peu à peu des ailes, après un certain nombre de mues.

Les **libellules** ou **demoiselles** laissent tomber leurs œufs dans l'eau. Il en sort une larve qui respire à peu près à la manière des poissons et chasse sous l'eau les vers, les insectes, les larves. Son corps ressemble à celui de la libellule, mais il est plus massif et les ailes ne poussent que peu à peu, après plusieurs mues.

Le **taupin** commence sa vie sous la forme d'un ver à peau coriace et à nombreuses pattes très courtes.

Larve de taupin. — Grandeur naturelle.

Le hanneton femelle pond des œufs dans la terre. Il en sort des **vers blancs** que l'on appelle **mans**, ou **turcs**. Pendant la première année, les larves mangent peu ; elles vivent par petites familles. L'hiver venu, elles s'enfoncent assez

Taupin se disposant à sauter. — Grandeur naturelle.

profondément pour ne pas craindre la gelée et s'endorment jusqu'au printemps. Alors elles se dispersent, et se mettent à creuser des galeries pour arriver aux racines qu'elles préfèrent dans les jardins : celles des salades, des

des rosiers, des fraisiers. Dans les champs, elles ravagent le blé, l'avoine, la luzerne, le colza. Tout leur est bon d'ailleurs, quand elles ont faim.

Pendant la troisième année, elles attaquent même les racines dures, ligneuses des arbres. Vers la fin de la troisième année, les larves se font une coque au moyen de quelques fils de soie et de leur bave desséchée.

La chenille du chou s'attachant pour se changer en chrysalide. — Grandeur naturelle.

Dans cette coque, elles passent à l'état de **nymphes**. La coque, sorte de maillot semblable à celui des chrysalides de papillons, laisse deviner à peu près la forme des antennes et des pattes. Dès la fin de l'hiver, le hanneton sort de son enveloppe. Il s'approche lentement de la surface du sol, et quand le

Chrysalide de la chenille du chou.

mois d'avril a ouvert les feuilles, il en dépouille les arbres, ce qui retarde leur croissance. Souvent les jeunes arbres ne peuvent réparer à l'automne, par une nouvelle génération de feuilles, les dommages qu'ils ont subis au printemps et ils meurent épuisés.

Les **fourmis** pondent des œufs d'où sortent de petites larves sans pattes qui grandissent et se changent en nymphe, puis en fourmi.

Le **papillon blanc** ou **papillon du chou** est le plus commun de nos contrées. Sa **chenille** est d'un vert jaunâtre, avec trois raies de couleur plus claire, séparées par des lignes de points noirs, d'où partent de petits poils blanchâtres.

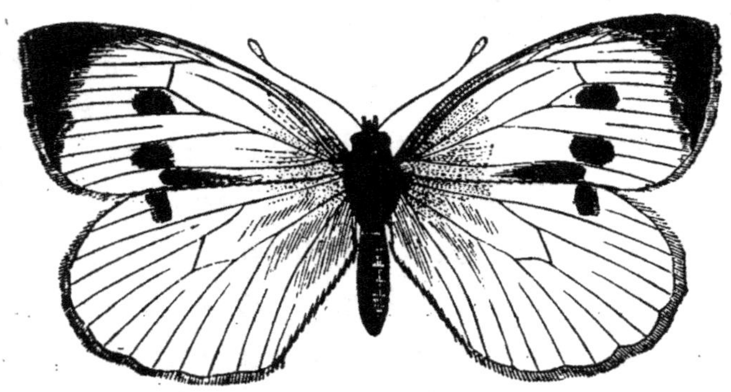

Piéride ou papillon du chou.

Quand elle a pris toute sa croissance, elle s'attache au moyen de quelques fils de soie à une grosse nervure de feuille, change de peau et apparaît sous forme de **chrysalide** d'un gris cendré tacheté de noir et de jaune. Au bout de peu de temps le papillon rompt son maillot et prend possession de l'air.

Chez les **papillons de nuit**, les antennes ressemblent à de petites plumes. Le corps velu et très gros semble formé d'une seule pièce; les ailes, à l'état de repos, ne se relèvent pas comme celles des **papillons de jour** ; de plus les ailes inférieures se trouvent alors cachées par les deux premières. Leurs couleurs brunes, grises, noires sont peu éclatantes.

La plupart des chenilles de papillons nocturnes ou crépusculaires se façonnent un **cocon**, ou au moins une retraite commode et sûre dans un trou, une fente d'écorce, ou même dans la terre.

XVI. — LES ANIMAUX A SQUELETTE.

Les animaux, **infusoires**, **rayonnés**, **mollusques**, **vers**, **articulés**, que l'on appelle **animaux inférieurs**, n'ont point d'**os**.

L'ensemble des os, qui servent de **support**, de **charpente** au corps des **animaux supérieurs**, s'appellent **squelette**.

Les os commencent tous par être une sorte de **cartilage** mou. Peu à peu ce cartilage s'**incruste** de **chaux**, et prend la consistance osseuse. Chez certains poissons le squelette reste toujours à l'état de cartilage.

Le squelette de l'homme comprend : le **crâne**, la colonne vertébrale, les membres.

La colonne vertébrale est formée par de petits os plats, percés d'un trou au milieu, qui sont les vertèbres. C'est pour cela que l'on appelle **vertébrés**, les animaux qui ont une colonne vertébrale,

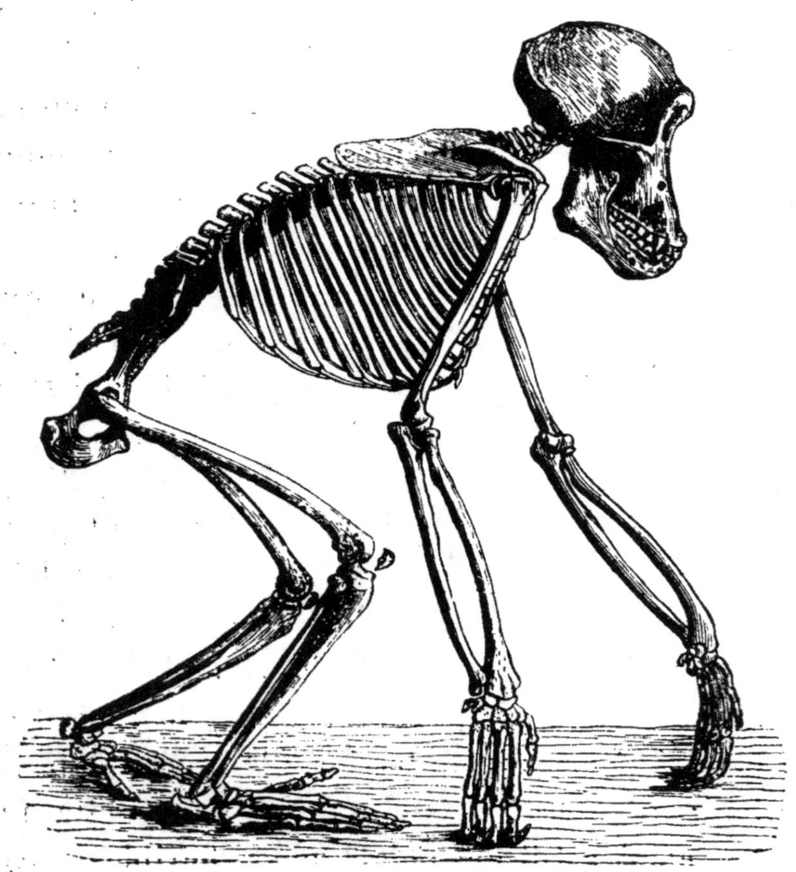

Squelette de chimpanzé.

comme le **singe**, le **cheval**, le **bœuf**, le **mouton**, les **oiseaux**, les **serpents**, les **grenouilles**, les **poissons**.

Le squelette se modifie suivant le genre de vie auquel les animaux sont destinés.

Les mammifères terrestres ont quatre pattes au moyen desquelles leur corps se trouve soutenu à une certaine distance au-dessus du sol et qui leur servent à se transporter d'un lieu à un autre.

Le **singe** est un animal grimpeur. Voilà pourquoi il a les jambes un peu fléchies sur les cuisses, comme un homme à demi accroupi, de très longs bras et quatre mains destinées à saisir les branches.

Chez la plupart des **mammifères**, chez les **grenouilles**, les **lézards**, les pattes sont terminées par un **pied** divisé en quatre ou cinq **doigts** qui se relient au membre par une série de petits os.

Le **chien** et le **chat** ont cinq doigts aux pattes de devant, mais les pattes postérieures, servant plus à courir qu'à marcher, peuvent se passer d'un doigt, elles n'en ont que quatre. Chez le **chat**, les ongles sont allongés, effilés, ce sont de véritables **griffes**. Ils deviennent larges et robustes chez le **renard** qui les emploie à creuser un terrier. L'**écureuil** a besoin de tenir, avec ses pieds antérieurs, la noisette qu'il ronge, aussi a-t-il des doigts longs, flexibles, garnis d'ongles en crochet pour grimper dans les arbres.

La **taupe** vit sous terre. Elle creuse dans les prairies des galeries pour faire la chasse aux **vers**, aux **mans** et à d'autres petites bêtes.

C'est un animal **fouisseur**, c'est-à-dire habitué à fouir, à creuser. Sa vie se passe à ce pénible travail. Il lui faut pour cela un outil robuste de forme convenable. Son pied antérieur est devenu une sorte de pelle. Non seulement il est garni d'ongles très robustes, mais il possède un grand os supplémentaire qui l'élargit et le renforce. En même temps, pour en faciliter l'usage, l'os du bras est plus large que long.

La **chauve-souris** vole au moyen d'une **membrane** tendue sur ses **membres** et sur ses **doigts**.

Les pattes postérieures de la chauve-souris n'offrent rien de bien remarquable, mais le membre

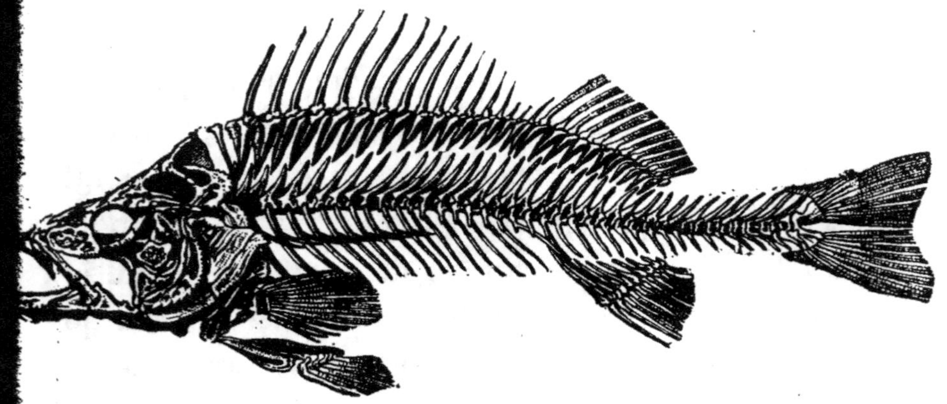

Squelette de carpe.

antérieur a subi une **adaptation** très remarquable aux fonctions qui lui sont réservées. Le bras s'est allongé, et les doigts, sauf le pouce, ont pris un développement extraordinaire pour tendre l'aile comme sur l'armature d'un parapluie.

Chez le **phoque**, les membres antérieurs deviennent **palmés** : une membrane unit les doigts pour que le pied puisse servir de nageoire.

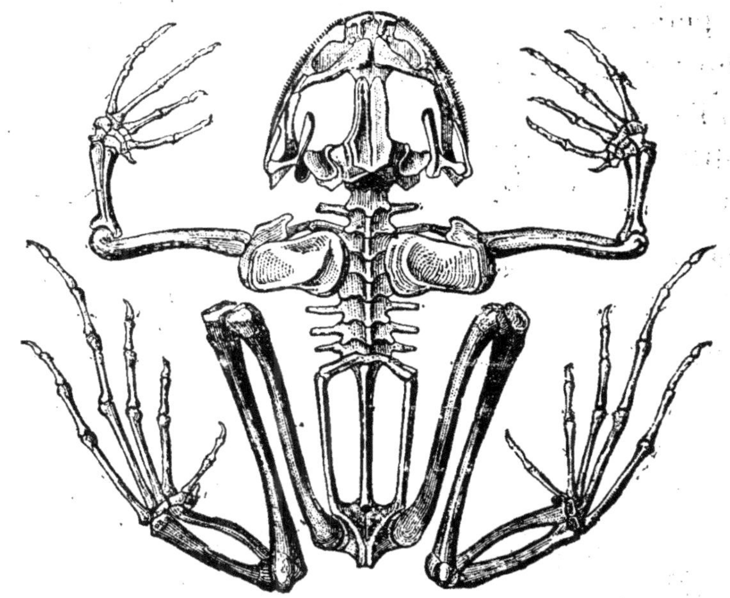

Squelette de grenouille.

Chez la **baleine**, le **dauphin**, les pieds deviennent de véritables nageoires. Celle du dauphin a cinq doigts dont deux se sont considérablement allongés.

Chez les animaux qui ne se servent de leurs pieds que pour marcher ou courir, le nombre des doigts peut diminuer sans inconvénient. Aussi n'en trouve-t-on que quatre chez le **porc**, deux chez la **chèvre**, un chez le **cheval**.

Le squelette des poissons est très simple : il

comprend le crâne, la colonne vertébrale, les côtes et les nageoires. Les **serpents** n'ont que le crâne, la colonne vertébrale et les côtes. Les **grenouilles** n'ont pas de côtes. Chez les **lézards**, les **oiseaux**, les **mammifères**, les côtes se réunissent en avant de la poitrine à un os long et plat, le **sternum**; les membres antérieurs s'articulent à l'épaule, et les membres postérieurs aux grands os du **bassin**. La queue est formée de petits os qui ne sont que la continuation des vertèbres.

XVII. — LES POISSONS.

La **carpe** est un poisson d'eau douce. Elle est moins épaisse que large, son corps s'amincit vers la tête et vers la queue. Ainsi sa forme générale est celle d'un gros **fuseau** aplati. Telle est la forme du plus grand nombre des poissons. Après bien des essais, des tâtonnements, c'est aussi la forme que l'on est arrivé à donner aux navires lorsqu'on tient surtout à les rendre rapides ; c'est, en effet, celle qui offre le moins de résistance en glissant dans l'eau.

La peau des poissons laisse suinter une matière grasse, gluante, qui lubrifie leurs écailles. Les filaments nommés **barbillons** sont pour les poissons des **organes du tact**, mais ils leur servent aussi d'**appât** pour attirer d'autres poissons.

Quelques poissons n'ont pas de **dents**, ils gobent

Baudroie. — Longueur 1ᵐ,60.

d'un trait leur **proie**. D'autres ont des dents qui retiennent la proie et l'empêchent de s'échapper à reculons. La bouche du **requin** est la plus formidable. Les **requins** adultes atteignent 10 mètres de longueur. Leur bouche ouverte présente alors trois mètres de tour : ils peuvent engloutir un homme d'une bouchée. Chaque mâchoire est garnie de six rangées de dents pointues disposées de telle sorte que l'animal peut les incliner à volonté pour en faire des crochets.

La carpe a des dents qui tapissent l'arrière-gorge, le pharynx. Elles servent à briser la coquille des petits mollusques.

Les yeux de la carpe sont grands et brillants ; l'œil des poissons, toujours lubrifié par l'eau, n'a pas besoin de paupière, dont la principale fonction consiste à étendre les larmes à la surface de l'œil.

La **vue** de ces animaux est excellente et leurs yeux sont placés de telle sorte qu'ils puissent en même temps guetter leur proie et veiller à leur salut.

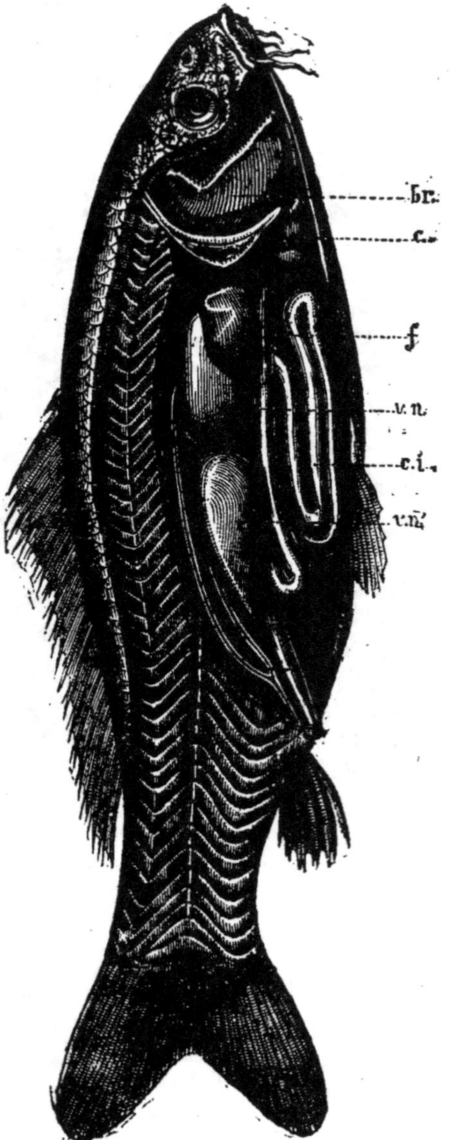

Carpe ouverte. — Peut atteindre 1^m,50.

br, branchies. — c, cœur. — f, foie. — vn, vessie natatoire. — ci, intestin.

Chez les poissons, l'organe de l'**ouïe** ne paraît pas du tout à l'extérieur. Il se trouve dans l'intérieur du crâne.

De chaque côté de la tête de la carpe, en arrière et au-dessus des yeux, on voit deux fentes qui forment à peu près un demi-cercle : ce sont les **ouïes**, sortes de couvercles mobiles qui recouvrent les poumons de la carpe. Tous les poissons ont deux poumons du même genre que l'on appelle **branchies**. Ils consistent en membranes minces, qui ont l'apparence

Dents de l'arrière-gorge de la carpe.

frangée. Dans l'épaisseur de ces membranes circule un riche réseau de **vaisseaux sanguins**. Ces branchies absorbent l'oxygène dissous dans l'eau.

De chaque côté du corps de la carpe, en arrière de la tête, il y a deux **nageoires**.

Ces nageoires représentent les bras des poissons. Elles sont formées par un pli de la peau tendu sur des sortes de doigts.

Les nageoires de la poitrine servent de rames tandis que la queue sert de gouvernail.

Le squelette des poissons que l'on appelle communément arêtes est formé d'**os** ou de **cartilages**.

La carpe possède, comme beaucoup d'autres poissons, un sac membraneux rempli d'air nommé

vessie natatoire, qu'elle peut, à volonté, comprimer ou dilater de telle sorte que, devenant plus ou moins grosse, sans changer de poids, elle s'enfonce ou s'élève dans l'eau grâce à cet appareil de natation.

La carpe produit chaque année environ 10,000

La raie bouclée. — Peut atteindre une longueur de 4 mètres.

œufs : chaque femelle de hareng pond au printemps environ 50,000 œufs ; c'est par millions que l'on compte ceux d'une seule morue.

Les carpes se nourrissent de poissons, d'herbes tendres, de graines, de crustacés et d'insectes aquatiques.

Il y a des poissons qui diffèrent complètement de la carpe. Ainsi la **raie** a deux nageoires de la poitrine très larges et disposées de telle sorte qu'elles se distinguent à peine du corps plat terminé par une grosse et longue queue. **L'anguille**, le **congre** ou **anguille de mer**, ressemblent de loin à des serpents. La **sole**, la **plie** sont ovales et tellement plates que l'on dirait un poisson fendu en deux.

Quant à la taille, on les trouve toutes depuis le **véron** et l'**ablette** longs comme le petit **doigt**, jusqu'au grand **esturgeon** et au **requin** long de dix mètres.

XVIII. — LES BATRACIENS.

La **grenouille** et le **crapaud** sont de la même famille. Le crapaud est plus aplati et moins long.

La peau de la grenouille est lisse, tandis que celle du crapaud est couverte de petits boutons ou **pustules** qui la rendent grenue. Le crapaud commun est d'un brun tirant sur le vert. En regardant de près, on distingue sur le dos de petites taches en zig-zag.

Le crapaud se traîne tout doucement à quatre

pattes, tandis que la grenouille avance par sauts.

La grenouille verte est un petit animal plus long que le doigt, un peu aplati. Sa tête, grosse et pointue, porte deux gros yeux proéminents. Sa bouche est fendue jusqu'au cou. Elle a quatre pattes : celles de derrière sont si longues qu'elle les plie en trois quand elle se repose.

Le dos de la grenouille verte est tacheté de noirâtre et traversé par des bandes jaunes; le ventre est d'un blanc un peu jaune.

On trouve la grenouille dans les mares, les étangs; ou à terre, dans les prairies et les bois.

La voix des grenouilles s'appelle **coassement**.

Elles se nourrissent principalement de proie vivante : vers, mollusques, larves, insectes.

A la fin de l'automne, elles se réunissent par troupes nombreuses dans la vase d'un étang, d'une mare, d'un fossé; s'entassent, et peu à peu **s'endorment** pour ne se réveiller qu'au printemps.

Il arrive parfois que, pendant un rude hiver, l'eau et la vase **gèlent** avec les grenouilles qui s'y trouvent blotties. Cela ne les empêche pas de se réveiller comme les autres dès le commencement de la belle saison.

Chaque femelle pond, au printemps, de 600 à 1,200 œufs qu'elle dépose d'ordinaire sur des plantes aquatiques.

De l'œuf sort un petit être informe. On ne voit guère qu'une grosse tête et une longue queue aplatie. C'est pour cela qu'on l'appelle têtard. Il vit à la manière des poissons : de chaque côté de la tête il porte deux **branchies** ou poumons aquatiques qui lui servent à respirer l'air dissous dans l'eau. Sa nourriture consiste exclusivement en matières végétales.

Œufs de grenouille gonflés dans l'eau. — Grandeur naturelle.

Peu à peu les branchies se flétrissent, tombent, et le têtard respire à l'air libre au moyen de **poumons**. En même temps paraissent les deux pattes de derrière, et sa tête commence à ressembler un peu à une tête de grenouille. Un peu plus tard poussent les pattes de devant, et, si l'on n'était pas prévenu, on croirait voir une nouvelle espèce de grenouille, un peu allongée et munie d'une longue queue en forme de rame.

A partir de cette époque le **têtard** commence à changer de régime : il devient graduellement carnivore. Sa queue maigrit, se raccourcit à chaque **mue**. Enfin, dans une dernière mue, il s'en débarrasse tout à fait : c'est une **grenouille**.

La **raine** ou **rainette** n'est pas une vraie grenouille. Ses doigts sont garnis de petites pelotes gluantes [qui forment ventouse. Grâce à cette disposition, elle grimpe facilement aux arbres et se maintient sur une feuille lisse agitée par le vent.

Cette petite bête renfermée dans un bocal dans lequel se trouve une échelle peut, faute de mieux,

Phases successives du développement d'un têtard. — Demi-grandeur naturelle.

servir de **baromètre**. Quand le temps est au beau, elle monte à l'échelle ; par les mauvais temps, elle reste plus volontiers au fond de l'eau. Cependant il ne faut pas trop s'y fier.

Tous les animaux qui sont organisés à peu près

comme la grenouille forment une **classe** à part que l'on appelle classe des **batraciens**.

Les plus communs, dans notre pays, sont **la grenouille**, le **crapaud**, la **rainette**, la **salamandre**

Rainette. — Grandeur naturelle.

terrestre, qui ressemble à un lézard à peau lisse, et le **triton**, appelé communément **lézard d'eau**.

Tous les batraciens subissent des métamorphoses. Une fois adultes, ils respirent au moyen de poumons. Leur peau est lisse, gluante, sans écailles. Leurs doigts arrondis n'ont pas d'ongles ; ils manquent tous de côtes comme la grenouille.

XIX. — LES REPTILES.

Les **reptiles** sont des animaux qui **rampent**, c'est-à-dire se traînent à terre.

Il y en a, comme les **couleuvres**, qui n'ont point de pattes, et qui ne peuvent avancer qu'à la manière des **vers de terre** : ce sont les reptiles par excellence. D'autres, comme la **tortue**, le **lézard**, ont des pattes, mais trop courtes pour maintenir leur corps au-dessus du sol.

La tortue marche avec une extrême lenteur ; mais la couleuvre se glisse rapidement dans les herbes, et le lézard court sur un mur avec une remarquable agilité.

Si l'on touche un **lézard**, une **couleuvre**, on éprouve une sensation de fraîcheur. Leur corps n'est guère plus chaud que l'air dans lequel ils se trouvent : il est **froid** par rapport au nôtre pris comme comparaison. Aussi les appelle-t-on animaux froids, c'est-à-dire à **sang froid** : leur corps est froid et leur sang est **blanchâtre**.

Tous les animaux que nous avons étudiés jusqu'ici ont le sang blanchâtre et leur température dépasse peu celle de l'air qui les environne.

Aucun reptile ne subit de métamorphoses.

C'est le **lézard gris** ou **lézard des murailles** qui est le plus commun dans notre pays. Il a le museau pointu, des yeux très vifs avec des paupières mobiles. La tête aplatie, triangulaire, couverte de grandes plaques simulant des écailles, dont deux très développées protègent les yeux.

On ne peut pas enlever une à une, comme les écailles des poissons, ces petites éminences de la peau

Lézard gris. — Longueur 0ᵐ,15.

sur lesquelles l'**épiderme** est durci comme de la corne; ce sont de **fausses écailles**.

Le dessus du corps est gris, parsemé de petits points et de traits d'un bleu pâle. Le ventre est d'un blanc un peu vert.

Chaque pied a cinq doigts, longs et minces, terminés par de petits ongles très aigus.

Il y a des lézards gris qui atteignent environ 15 centimètres.

La queue du lézard est très fragile ; s'il la perd, elle repousse peu à peu.

Il se laisse apprivoiser. On le nourrit avec de petits vers et des mouches.

En liberté, il se plaît surtout au soleil. Il y reste immobile, guettant les petites bêtes dont il fait sa

Crocodile. — Longueur 10 mètres.

proie. Il passe l'hiver engourdi et se réveille au printemps.

La femelle pond alors ses œufs au nombre de 6 à 8. Elle a soin de les placer dans un endroit sec exposé au soleil dont la chaleur suffit pour faire éclore les petits.

Le lézard vert, qui habite le midi de la France et l'Algérie, atteint près de 50 centimètres de longueur, ses mâchoires sont armées de dents aiguës dont il se sert avec acharnement lorsqu'on l'attaque.

On trouve, dans les pays très chauds, plusieurs sortes de lézards fort curieux. L'un d'eux, le **caméléon**, change à volonté de couleur. Un autre, nommé **dragon volant**, porte, de chaque côté du corps, des sortes d'ailes formées par un large repli de la peau.

L'iguane, très commune dans l'Amérique méridionale, atteint plus d'un mètre de longueur; on dirait un petit crocodile.

Les **crocodiles** sont des sortes de lézards à peau très dure, longs de trois mètres, dont le museau allongé laisse voir en s'ouvrant deux rangées de longues dents pointues.

Dans le midi de la France, on trouve un petit animal nommé **seps**, long d'environ $0^m,35$, dont la tête effilée ressemble à celle du lézard, mais dont le corps grêle, arrondi, rappelle surtout celui des couleuvres. On dirait un serpent muni de quatre petites pattes.

L'orvet est appelé communément **serpent de verre** parce qu'il se rompt avec une extrême facilité, ou **serpent aveugle** parce qu'on l'a cru privé d'yeux. C'est un reptile gros comme un crayon et long de $0^m,40$. Il vit à la manière des lé-

...ards, chasse comme eux et s'engourdit pendant l'hiver.

Caméléon. — Longueur 0^m,16.

On appelle **serpents**, des reptiles à tête aplatie, à corps très allongé, plus ou moins cylindrique,

Seps. — Longueur 0^m,35.

privés de pieds, couverts d'une peau à fausses écailles, qui n'ont pas de paupières mobiles comme les lézards.

Il y a deux sortes bien distinctes de serpents : ceux qui ont du **venin** comme la **vipère** ; et ceux dont la morsure n'est pas venimeuse comme la **couleuvre**.

On voit au Brésil des serpents non venimeux qui mesurent 12 mètres de longueur et qui peuvent étouffer un bœuf en se roulant autour de son corps.

XX. — LES OISEAUX.

Les oiseaux sont des animaux à sang **coloré** et **chaud**. Ils respirent au moyen de poumons, et sont organisés de telle sorte que l'air pénètre, dans presque toutes les parties de leur corps, ce qui rend leur vol plus facile.

La peau des oiseaux est recouverte par des plumes.

Ce caractère suffit, en effet, pour les classer. Toute bête à plumes est un oiseau.

Les plumes des ailes et de la queue des oiseaux offrent beaucoup de surface tout en restant très légères, de sorte que l'aile frappant rapidement l'air y trouve une résistance suffisante pour soulever et faire avancer le corps de l'oiseau.

Quand un oiseau s'est élevé à une certaine haueur, il peut s'abandonner à l'air, **planer**, les ailes et la queue étendues, et descendre très lentement en décrivant des cercles ou en suivant un plan incliné. Dans ce cas, ses ailes et sa queue agissent comme un

Squelette de cygne.

parachute et retardent sa descente en pressant sur une grande quantité d'air.

Le **manchot**, le **pingouin**, oiseaux nageurs des mers polaires, n'ont pas de plumes au bout de leurs ailes qui leur servent de rames. Les plumes de l'**autruche** d'Afrique et du **nandou**, petite au...

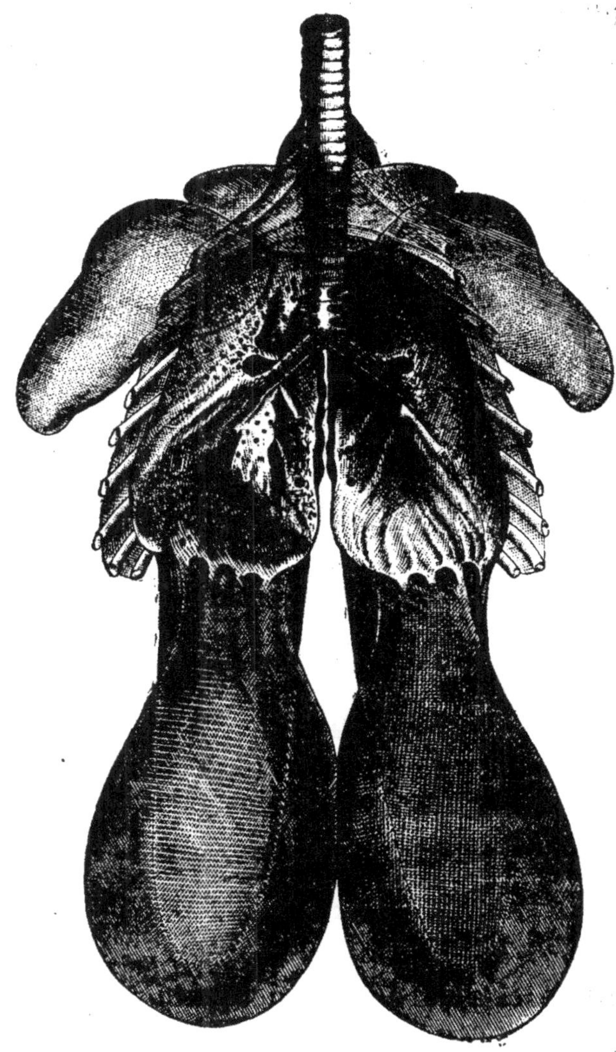

Poumons et chambres à air de la poule.

truche américaine, ne sont pas faites pour le vol.

Le **coq** est un grand oiseau dont la tête porte une

crête. Sa queue forme un beau panache arrondi. Il a de grandes pattes terminées par quatre doigts. Il porte à chaque patte un **ergot** dirigé en arrière, qui lui sert à se battre.

La plupart des oiseaux ont trois doigts dirigés en avant, et un dirigé en arrière. Mais chez les grimpeurs, comme le **pic**, le **perroquet**, il y en a deux en arrière et deux en avant, ce qui leur donne plus de facilité pour faire de la gymnastique. Quelques oiseaux, privés de pouce, n'ont que trois doigts ; l'**autruche** n'en a même que deux.

Les **oiseaux aquatiques**, comme le **canard**, l'**oie**, ont les pieds **palmés**.

Le pied des **oiseaux de proie** est formé de doigts longs, flexibles, robustes, terminés par des ongles longs et acérés qu'ils enfoncent aisément dans la chair de leur victime. Ce genre de pied, propre à retenir, à serrer, se nomme **serre**.

La poule est plus petite et moins jolie que le coq. Elle n'a ni crête ni ergot, mais elle porte, comme le coq, les **oreillons** et les **barbillons** rouges aux côtés et au-dessous du bec.

Le coq et la poule ont un bec court, pointu, et fort ; le bec du **canard** et de l'**oie** est aplati, large et assez mou ; il y a des oiseaux, comme la **bécasse**, qui ont un bec délié et très long.

Le coq **chante** surtout le matin de bonne heure :

il crie bien fort, mais il n'a pas une jolie voix. La poule ne chante pas comme le coq, elle n'a qu'un

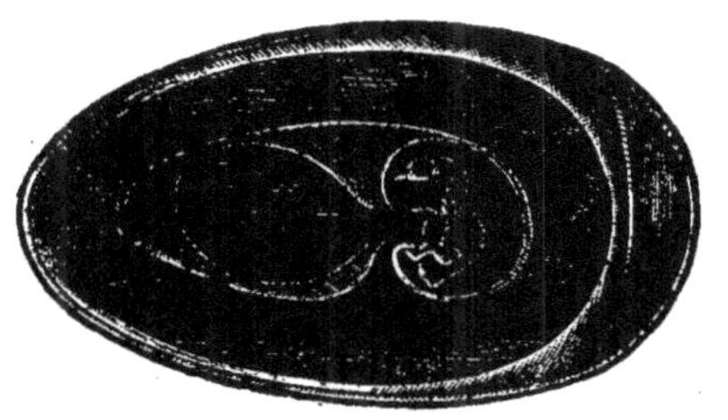

Développement d'un oiseau dans l'œuf.

gloussement assez doux qu'elle module selon ses impressions.

Le **rossignol** est le meilleur chanteur de notre pays. Le **pinson**, la **fauvette**, le **merle**, ont aussi des voix fort agréables, et, même en captivité, font entendre leurs refrains.

Au printemps, les oiseaux font leurs **nids** avec de la paille, du foin, de la mousse, de la laine, du crin, des plumes, du duvet de plantes. La femelle pond des **œufs** qu'elle **couve** pour les tenir chauds.

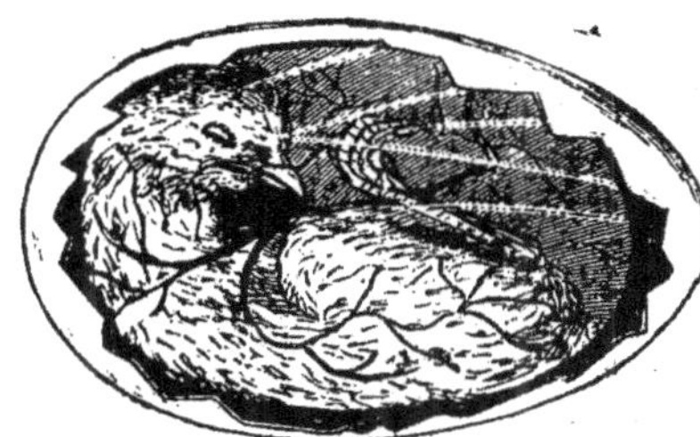

Poussin arrivé au 15e jour.

Quand les petits sont **éclos**, le père et la mère leur apportent à manger des insectes.

Le coq et la poule ne nourrissent pas au nid leurs **poussins** qui apprennent tout de suite à manger seuls.

XXI. — LES MAMMIFÈRES.

Le **chat**, le **chien**, le **bœuf**, le **cheval**, le **mouton**, sont couverts de poils.

Les femelles de ces animaux ont des mamelles pour **allaiter** leurs petits. Ces caractères les font réunir pour former la classe des **mammifères**.

La chauve-souris est un mammifère qui a des ailes.

Chauve-souris. — Longueur du corps 0^m,06.

Le phoque des mers polaires est un mammifère **amphibie**, c'est-à-dire qui vit sur la terre et dans l'eau.

La baleine, le **dauphin** sont des mammifères qui vivent toujours dans l'eau.

Ces animaux ne sont pas des poissons, car ils ont le

sang **chaud**. Ce sont des mammifères organisés pour vivre dans la mer.

Chez la plupart des mammifères les **sens** et l'**intelligence** sont remarquablement développés.

Le **bœuf**, le **mouton**, le **cheval**, l'**âne**, la **chèvre**, le **cerf**, le **chevreuil**, le **rhinocéros**, l'**éléphant** mangent de l'herbe : on peut donc en faire

Phoque. — Longueur 1ᵐ,30 à 2 mètres selon les variétés.

une section et les nommer **mangeurs d'herbes** ou **herbivores**.

Dans la section des **herbivores**, nous pouvons mettre à part les **ruminants** comme le **mouton**, la **chèvre**, le **cerf**, le **chevreuil**, la **girafe**, le **chameau**, qui font **revenir** peu à peu dans leur bouche les aliments avalés à la hâte afin de les mâcher à loisir. Parmi ceux que nous venons de citer, remarquez que seul le chameau n'a pas de cornes.

On appelle **animal domestique** celui qui vit un peu avec les gens, qui fait partie de la **maison**, comme le **chien**, le **chat**, le **cheval**.

On trouve encore dans nos grandes forêts le chat à l'état naturel, c'est-à-dire **sauvage**, qui est une sorte de **tigre** très petit.

Il mange de jeunes **lièvres**, des **lapereaux** ; détruit les **couvées** de **gibier**, fait la chasse aux petits

Chat sauvage. — Longueur du corps, 0^m,40.

oiseaux et poursuit toute la gent rongeuse des **rats**, **mulots**, **musaraignes**, etc.

Le **chat domestique** a conservé les mêmes goûts, mais l'abondance des **souris** dans nos demeures lui a fait de leur destruction une sorte de spécialité.

La vie avec l'homme, c'est-à-dire la **domestication** ; le changement d'habitudes et de nourriture ont peu à peu modifié le chat sauvage et formé des

races distinctes. Puis, le mélange de ces **races** a produit une foule de **variétés.**

La même chose est arrivée pour le **chien.** D'un animal sauvage plus petit que le loup, la domestication a fait, au bout de plusieurs milliers d'années, des races de chiens d'aspect tout à fait différent, comme

Tigre. — Longueur du corps, 1^m,50. Hauteur, 0^m,70.

le **chien de Terre-Neuve**, grand, à grosse tête, à poil laineux ; le **lévrier**, haut sur jambes, à poil ras, à museau pointu ; le **bouledogue**, gros, trapu, à tête ronde ; le petit **King-Charles** au poil soyeux, aux oreilles traînantes, et gros comme les deux poings.

Parmi les mammifères domestiques, il y en a qui sont pour l'homme des **auxiliaires**, c'est-à-dire qui lui rendent divers services, comme le **cheval**, le **chien**, le **chat.** D'autres sont **alimentaires** et fournissent, en outre de leur chair, divers produits utilisés dans l'industrie. Tels sont le **bœuf**, le **mouton**, le **porc**.

On nomme animal **apprivoisé** un animal sauvage que l'on a pris et qui est devenu doux et obéissant.

Peu à peu l'**apprivoisement** faisant des progrès, cet animal devient tout à fait **privé**, c'est-à-dire familiarisé, plié aux habitudes de la maison et susceptible d'attachement pour son maître.

Tous nos animaux domestiques ont été d'abord **captifs**, puis sont devenus par degrés **apprivoisés** et **privés**. A l'état sauvage, les bœufs, les chevaux, les moutons, vivent par troupes, ils sont **sociables**. Cette qualité a beaucoup facilité leur apprivoisement. Une fois qu'ils ont été complètement **privés**, ils sont devenus **domestiques**; ils se sont reproduits auprès de l'homme comme en liberté.

XXII. — LES ANIMAUX ÉTRANGERS.

Les animaux sont rares dans les pays des **zones glaciales**.

La zone glaciale **arctique** est la plus peuplée : on y trouve le **renne**, le **renard**, le **lièvre** et un petit rongeur, le **lemming**. Aux bords de la mer habités par le **phoque** et le **morse**, espèce de phoque à longues **défenses**, rôde l'**ours blanc** protégé par son épaisse fourrure. Au large passent la grande **baleine franche**, le **narval** qui poursuit la baleine pour la percer de la longue épée d'ivoire dont sa tête est armée.

Renne. — Hauteur au garrot, 1ᵐ,20.

On y voit aussi des oiseaux aquatiques chaudement couverts de duvet et de plumes : l'**oie** et le **cygne** sauvage ; le **cormoran**, habile pêcheur ; le **pingouin**, dont les ailes, sans longues plumes, lui servent de rames, de nageoires ; l'**eider**, que l'on chasse pour s'emparer de son duvet, employé à remplir les **édredons** de luxe.

Aux environs de la zone glaciale, mais déjà dans la zone tempérée, se trouvent les pays des fourrures. On y chasse, la **loutre marine**, le **renard bleuâtre**, le **vison**, sorte de martre ; l'**hermine** d'un blanc éclatant, dont la queue est zonée de jaune et de noir ; l'**écureuil petit-gris** dont le dos est d'un gris argenté et le ventre d'un blanc jaunâtre ; la martre au poil marron ; la **zibeline** d'un brun sombre, à peine grande comme la martre, et dont une seule belle peau se **vend** cinquante francs.

Là apparaît l'ours brun nommé **grizzly**, le plus terrible de son espèce, qui défend bravement sa fourrure convoitée.

La zone **tropicale** est bien justement nommée **torride**, c'est-à-dire brûlante. Passons rapidement en revue ses habitants.

Dans l'Inde et dans l'Afrique vivent des troupes d'**éléphants** aux formes massives, aux jambes faites comme des piliers. Leur nez prolongé en une trompe longue, flexible et forte, peut ramasser à terre un fétu de paille ou déraciner un arbre. L'éléphant n'est jamais devenu un animal **domestique**, mais en Asie on **l'apprivoise**. Il se montre, en captivité, très intelligent et d'une humeur fort douce.

En Afrique, les nègres ne chassent l'éléphant que pour s'emparer de ses longues défenses d'**ivoire**.

Plusieurs grands animaux, **herbivores** comme l'éléphant, habitent exclusivement les parties les plus chaudes de l'Afrique. **L'hippopotame** mène une

Éléphant. — Hauteur au garrot, 3 mètres.

existence **amphibie** dans l'eau des fleuves et dans la vase de leurs rives. La **girafe**, aux jambes comme des échasses, au cou très long, vit dans des régions boisées où le sol ne produit pas d'herbes ; elle cueille et broute les rameaux des arbres à la hauteur de 6 à 7 mètres.

Dans les plaines découvertes errent par troupes le **couagga**, le **daw**, le **zèbre**. En Asie, la même famille a pour représentants l'**hémione** et l'**âne** sauvage.

Les forêts servent de retraite au **chimpanzé**, sorte de caricature de l'homme, et à un autre singe plus grand, plus fort, plus féroce, le **gorille**, qui atteint jusqu'à six pieds de hauteur. Seul l'**orang-outang** d'Asie atteint presque la taille du gorille. Comme tous les singes, ils ne se nourrissent que de matières végétales.

Tatou. — Hauteur, 0m,25.

Les singes de petite et de moyenne taille, avec ou sans queue, abondent dans tous les pays chauds. Ils s'avancent en Afrique jusque dans le Maroc. **L'atèle** à queue prenante et le mignon **ouistiti** habitent les forêts du Brésil ; l'**alouate hurleur** se plaît aux bords des fleuves de la Colombie. En Asie se trouvent les **gibbons** aux longs bras et les **macaques** très faciles à apprivoiser.

Le **rhinocéros**, gros herbivore à jambes courtes, à peau nue, épaisse, semblable à une cuirasse articulée, habite les contrées humides de l'Afrique et de l'Asie.

Dans tous les pays de la zone torride, sauf l'Australie, on rencontre de nombreux animaux assez semblables au **cerf** et au **chevreuil**. Les plus élégants et les meilleurs coureurs sont **la gazelle** d'Asie et **l'antilope** d'Afrique.

Le **yack**, ruminant analogue à notre bœuf, et domestique comme lui, le **zébu**, autre bœuf porteur d'une ou de deux bosses, servent principalement comme bêtes de somme et de **trait**, en Afrique et en Asie.

D'autres animaux sont également pourvus de bosses du même genre : le **chameau** d'Asie en a deux ; le **dromadaire** africain n'en porte qu'une très développée.

L'Amérique possède plusieurs animaux du même type, mais bien plus petits : le **lama**, qui sert de bête de somme aux Boliviens ; la **vigogne** et l'**alpaca**, dont la laine sert à fabriquer de moelleux tissus.

La zone équatoriale est particulièrement riche en insectes et en reptiles. Là se voient le scarabée **hercule** gros comme votre poing, l'araignée **mygale** capable de lutter avec avantage contre un petit oiseau.

L'énorme **crocodile** guette sa proie au bord des fleuves où les gigantesques **tortues** enfouissent leurs œufs dans le sable. Dans les parties basses et humides rampent le **python** africain, le **boa** d'Amérique, qui peuvent enlacer et étouffer un bœuf. Moins grands, mais redoutables pour leur venin, le **naja** d'Afrique, le **fer de lance** des Antilles, font de nombreuses victimes parmi les habitants.

Les **sarigues** carnassières habitent les régions tempérées et chaudes de l'Amérique. Elles portent au-dessous de la poitrine une poche dans laquelle,

Sarigue. — Longueur du corps, 0ᵐ,30.

à la moindre alerte, se réfugient leurs petits. L'Australie, très pauvre en animaux, possède beaucoup de **kangourous**, remarquables par la longueur de leurs jambes de derrière, qui sont également munis de cette poche.

Presque tous les animaux que nous venons de passer en revue ont pour ennemis de grands carnassiers : le **lion**, assez rare en Asie, mais trop commun en Afrique où il prélève un impôt sur les animaux domestiques ; le **tigre** rayé d'Asie, le plus fort et le plus féroce des animaux de proie ; le **léopard** d'Afrique, tacheté comme la **panthère** d'Asie et le **jaguar** américain ; le **cougouar** ou **pouma** d'Amérique, qui ressemble à un petit lion sans crinière.

C'est dans la zone torride que l'on admire le **flamant** rose, sorte de girafe emplumée ; le **toucan** et le **calao** qui se dérobent derrière un bec énorme ; l'**ibis** et le **cardinal** rouges, le **courou-cou** vert d'émeraude, la **grue** que son élégance a fait nommer **demoiselle** ; la famille bruyante et panachée des **perroquets** ; l'**oiseau de paradis** qui semble un faisceau d'aigrettes plumeuses ; le **faisan doré** ; le **paon** qui réunit sur sa personne tous les joyaux de la nature.

Quant à la taille, on trouve tous les degrés depuis le **nandou** américain et l'**autruche** africaine, capable de porter un homme sur son dos, jusqu'aux **colibris** et aux **oiseaux-mouches**, étincelles de pierreries qui vivent du nectar des fleurs et suspendent à un brin d'herbe un nid gros comme une **noix**.

TROISIÈME PARTIE

LES VÉGÉTAUX

XXIII. — LA RACINE.

Étudier la **botanique**, faire de la botanique, c'est s'occuper des plantes pour apprendre à les distinguer, à les reconnaître ; pour savoir comment elles vivent, se nourrissent, fleurissent, portent des fruits et se reproduisent.

La partie de la plante qui s'enfonce dans la terre s'appelle **racine**. Elle puise dans le sol la sève qui est une sorte d'eau minérale, c'est-à-dire de l'eau qui a dissous une petite quantité des substances de la terre.

En même temps la racine sert de **soutien** à la plante.

La forme des racines est très variable. Celle du **navet**, de la **carotte**, s'allonge en pointe, en **pivot** propre à donner un support très solide : on les appelle pour cette raison racines en pivot ou **pivotantes**.

Il y a des racines qui sont renflées, charnues, **tubéreuses** comme celle du **dahlia** : on les appelle des **tubercule**s.

Racine pivotante du navet.

Racine tubéreuse du dahlia.

Les tubercules sont des réservoirs de provisions, de nourriture, que la plante accumule pour les employer plus tard. C'est au moyen de ses tubercules que l'on multiplie d'ordinaire le **dahlia**. Lorsque les tubercules sont peu volumineux et très allongés à la manière de doigts crochus, comme dans l'**anémone**, on donne à leur ensemble le nom de **griffe**. Il suffit de diviser les griffes au printemps pour se procurer de nouvelles touffes.

La racine du **chou** a d'abord l'air de continuer la tige, seulement elle est presque blanche. Elle se ramifie à la manière des branches d'un arbre. De la racine principale que l'on peut appeler **maîtresse racine** ou **pivot**, partent d'autres racines moins grosses qui donnent naissance à des **radicelles** ou petites racines minces, terminées par des **fibrilles** très délicates. Cet ensemble de petites racines touffues forme une sorte de chevelure, c'est pourquoi on lui donne le nom de **chevelu**. On appelle **souche** la grosse racine des arbres.

Il y a des plantes, comme le **melon**, la **primevère**, dont le pivot n'est que provisoire. Au bout de quelque temps, il cède la place à un certain nombre de racines **adventives** qui se sont formées au **collet** de la plante, c'est-à-dire au point de séparation de la racine et de la tige.

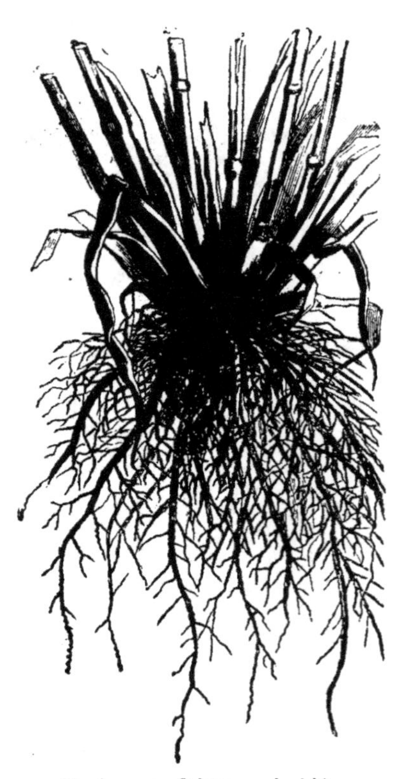

Racines en faisceau du blé.

Les racines, de grosseur à peu près égale, partant du collet d'une plante et formant un **faisceau** plus ou moins touffu, sont dites racines **fasciculées**. Le **maïs**, le **blé**, le **lis**, les **palmiers** ont des **racines fasciculées**.

Il y a des racines **traçantes** qui, au lieu de plonger tout droit dans le sol, se prolongent, presque à fleur de terre.

La tige du **chiendent** porte de distance en distance des racines fines et courtes, qui partent des **nœuds** ; ce sont des racines **adventives**.

La tige du **lierre** porte aussi de petites racines grosses et courtes qui lui aident à s'attacher, à se cramponner à l'écorce des arbres,

Racines adventives du chiendent.

aux murs, aux rochers, ce qui lui a fait donner le nom de **crampons**. Mais si un crampon trouve à sa portée de la terre végétale, il s'y enfonce, devient une racine adventive et remplit les mêmes offices que celles du chiendent.

Crampons de la tige du lierre.

La cuscute, plante parasite sans racines.

Il y a des plantes sans racines qui vivent aux dépens des autres : ce sont des plantes **parasites**, comme le **gui** du chêne, du pommier ; la **cuscute**, qui s'attache au **chanvre**, au **houblon**, au **trèfle**, à la luzerne.

XXIV. — LA TIGE. — LES RAMEAUX.

Dans une **giroflée**, une **capucine**, on distingue facilement la **tige** qui s'élève au-dessus du **collet de** la racine. Mais pour distinguer la tige très courte du **fraisier**, il faut enlever quelques-unes des feuilles qui semblent attachées au collet même.

On appelle **plantes annuelles** celles qui meurent dans l'année qui les a vues naître ; **bisannuelles**, celles qui voient deux fois la belle saison ; et **vivaces**, celles qui durent au moins trois ans.

La tige des arbres est terminée par un **bourgeon**. C'est ce **bourgeon terminal** qui est

Tige volubile du liseron.

chargé d'allonger chaque année la **flèche**.

Lorsque la tige est arrivée à une certaine hauteur,

on voit se développer tout autour, à des distances à peu près égales des **bourgeons** qui donnent naissance à des **branches**. Chaque branche, terminée également par un bourgeon, se couvre à son

Coulants et racines adventives du fraisier.

tour de bourgeons qui deviennent des **rameaux**. Les rameaux portent des **ramules** ; et les ramules portent des **ramilles**.

On appelle communément **scion** ou **pousse**, un **bourgeon** très développé, mais qui n'est pas ramifié.

Ce que les jardiniers appellent œil est un jeune bourgeon encore enveloppé par des écailles qui protègent les petites feuilles repliées, plissées, et souvent entourées de duvet qui les préserve du froid. Au centre on peut

Diverses espèces de cactus.

distinguer, à la loupe, les premiers rudiments de la fleur.

De même qu'une **graine** contient une **plante mi-**nuscule, le bourgeon non développé, **l'œil contient** un **rameau** en miniature.

L'écorce, le **bois**, la **moelle**, constituent la tige ou le rameau complet. Dans quelques plantes à tige molle, comme les herbes, le **bois** est mince, lâche et comme spongieux, mais il existe toujours au-dessous de l'écorce. Quant à la moelle, elle peut manquer, de sorte que la tige se trouve creuse.

Palmiers.

Les tiges creuses, appelées **chaumes**, sont ordinairement pourvues de petites cloisons qui forment des **nœuds** comme dans le blé, les roseaux.

Il y a des plantes qui grimpent, s'enroulent, d'autres qui s'accrochent, au moyen d'**épines** ou de **vrilles**.

Quelques-unes, comme la **pervenche**, ont des tiges faibles et allongées, incapables de se soutenir, mais sont organisées de manière à prospérer à ras de

terre. Le plus souvent on voit des **racines adventives** auprès des **bourgeons**. Au bout de quelque
temps, le bourgeon se développe, porte des feuilles,
des fleurs, puis meurt, tandis que la tige continue de
cheminer, prenant racine de distance en distance.

Les **coulants, filets, rejets** des fraisiers sont
des **rameaux** qui partent
de la tige très courte. Ils portent de distance en distance
de petits bouquets de feuilles
au-dessous desquels on voit
de jeunes **racines adventives**. Ces racines s'enfoncent dans la terre et le jeune
pied de fraisier se déve-
loppe. Si personne n'y touche, le rejet se desséchera.
On peut le couper et trans-
planter le jeune fraisier.

Les **palmiers**, arbres des
pays chauds, n'ont qu'un
seul gros bourgeon qui termine la tige droite, régulière, nommée **stipe**.

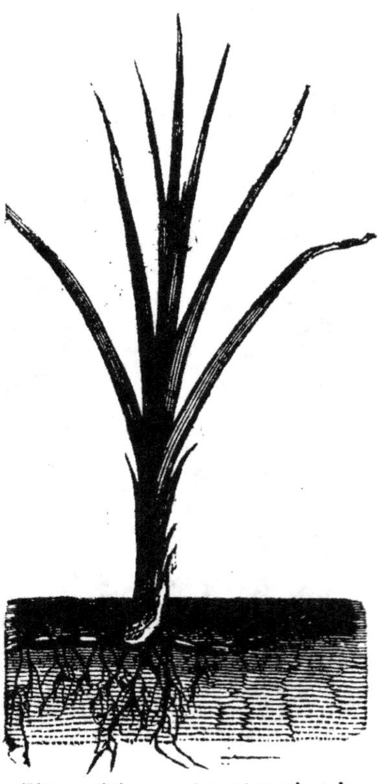

Tiges aérienne et souterraine du carex.

Les tiges se distinguent
par leur **structure**, c'est-à-dire l'arrangement de
leurs **fibres**, de leurs **cellules**. On appelle **succu-**

lentes les plantes à tiges charnues comme celle des **cactus** ou **plantes grasses**; **herbacées**, celles qui ont l'apparence d'**herbe**; **ligneuses**, les plantes dont la tige a pris la consistance du **bois**.

Dans la **lavande**, les parties molles, herbacées, meurent à la fin de l'automne; elles n'ont pas eu le temps de devenir assez fermes pour résister au froid;

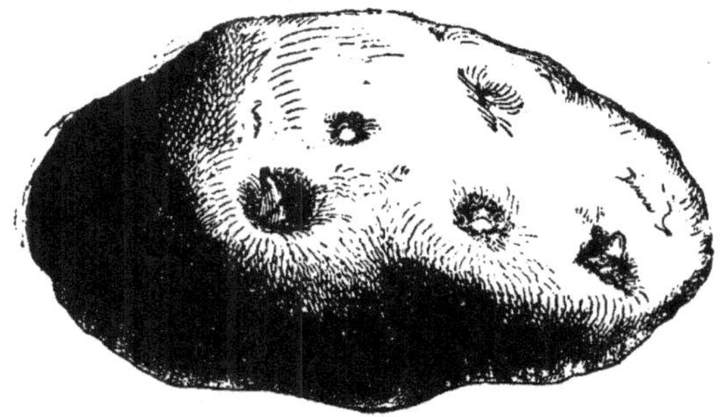

Tige souterraine ou tubercule de la parmentière.

la plante subit un élagage naturel. A ce signe on reconnaît les végétaux **sous-ligneux**.

Les feuilles de l'**iris** partent d'un **rhizome**, c'est-à-dire une **tige souterraine** garnie de **racines adventives**. Le **carex**, si commun dans quelques prairies, se comporte de la sorte et envahit peu à peu le terrain si l'on ne prend soin de le détruire.

Si l'on examine de près une pomme de terre, on voit qu'elle est garnie d'un assez bon nombre d'**yeux**, c'est-à-dire de bourgeons répartis régulièrement comme ceux d'une branche d'arbre. Ces bourgeons produisent des feuilles, par conséquent la pomme de terre est un rameau souterrain en forme de **tubercule**.

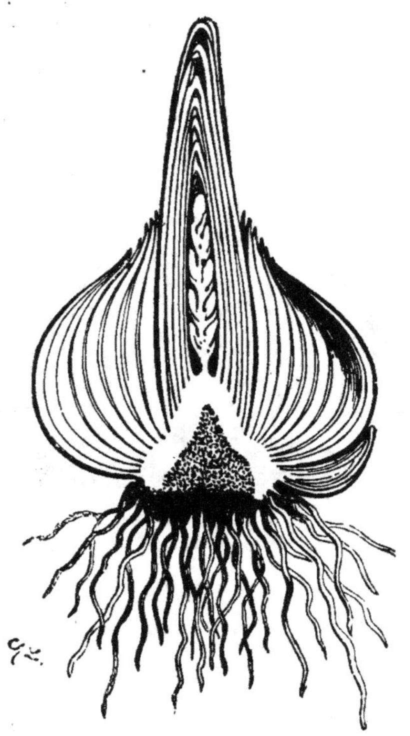

Bulbe de jacinthe coupé en deux.

Si l'on coupe en deux un **oignon** ou **bulbe** de **jacinthe**, on voit le **plateau** d'où partent les racines s'élever en forme de cône sur lequel se groupent les **écailles**. Ce plateau constitue la tige munie d'un **bourgeon terminal** qui fournira les feuilles et les fleurs.

XXV. — LES FEUILLES.

Il y a des feuilles en forme d'**aiguille**, comme celles du **pin**, du **genévrier**; en forme de **flèche**, comme celle de la **sagittaire**; d'autres ressemblent à un **fer de lance**.

La feuille de **capucine** forme un **disque**; celle

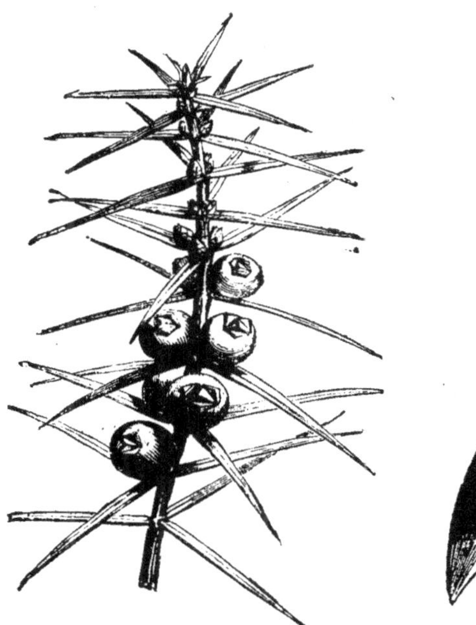

Feuille en aiguille du genévrier.

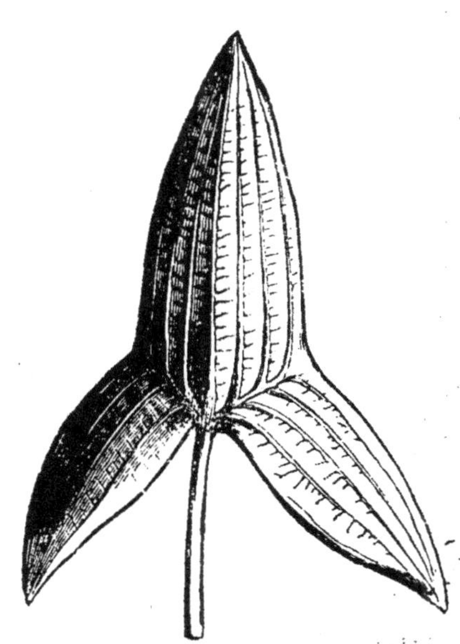

Feuille en flèche de la sagittaire.

de la **pâquerette** une **spatule**; la feuille du **liseron** représente un **cœur**; celle de l'**iris** une **épée**.

La petite tige mince qui supporte la feuille s'appelle **pétiole**.

Dans le **lin**, le **laurier**, etc., les feuilles s'atta-
chent directement à la tige par leur partie large
nommée **limbe**.

La feuille du seigle, de l'orge, de l'avoine, s'en-
roule tout autour de la tige et lui forme une
gaine qui l'emboîte
de manière à la soute-
nir à partir du nœud.

Les **nervures** qui
soutiennent le limbe
des feuilles sont dispo-
sées de trois manières
bien distinctes.

Dans les feuilles qui
ont une nervure cen-
trale, comme la feuille
du châtaignier, on voit
de chaque côté des ner-

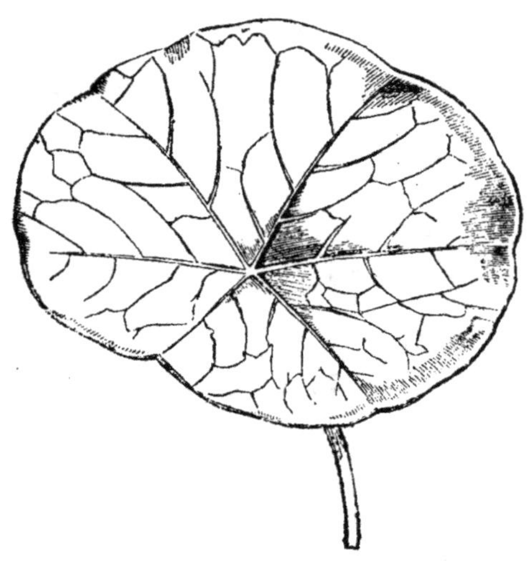

Feuille en disque de la capucine.

vures plus fines disposées comme les barbes d'une
plume.

Dans la feuille de **mauve** les nervures forment
la patte d'oie ; l'apparence est celle d'un pied **palmé**.
Dans l'**iris**, le **blé**, le **glaïeul**, elles sont droites et
continuent tout le long de la feuille.

L'aspect général de la feuille de **capucine** est
celui d'un **disque** ; ce disque est **entier**, c'est-à-dire
que ses bords n'offrent aucune solution de continuité,

aucune irrégularité importante. **Le lilas, le buis,** l'**iris**, ont aussi des feuilles **entières**.

Les bords du limbe de la feuille de **châtaignier** sont **dentés** comme une scie. Beaucoup de feuilles sont dans le même cas, mais les feuilles de **tilleul** et de **mauve** et bien d'autres portent des dents assez irrégulières.

Si les dents offrent un rebord **obtus,** comme dans la feuille de **saxifrage**, on dit qu'elles sont **crénelées.** Les crénelures, très profondes, forment des **lobes.**

Feuille en spatule de la pâquerette.

Lorsque les découpures atteignent la moitié du limbe ou même davantage, comme par exemple dans le **ricin, le chanvre**, le **marronnier**, on dit que les feuilles sont **divisées, fendues.**

On appelle feuilles **composées** celles qui sont formées de plusieurs petites **folioles** régulièrement disposées le long d'une nervure centrale, comme dans l'**acacia**.

La feuille du **rosier** offre la même disposition ; la base de son pétiole s'élargit et forme deux sortes de petites feuilles étroites nommées **stipules.**

Dans les feuilles **décomposées** la nervure centrale porte seulement des nervures garnies de folioles.

La disposition des **rameaux** et la forme des

Feuille palmée du ricin.

feuilles donnent aux plantes une apparence très di-

Feuille composée du rosier avec ses stipules.

verse. Même à une grande distance on ne peut confondre un **tilleul** avec un **marronnier,** un **péuplier** avec un **chêne,** un **saule** avec un **sapin.** Dans un jardin, la **capucine,** le pied d'**alouette,** la **vigne,** l'**iris,** se reconnaissent au premier coup d'œil.

Rameau de mimosa. — Feuilles décomposées.

Les feuilles sont généralement **vertes,** mais elles diffèrent beaucoup par le ton et la **nuance.** Quelque temps avant de se détacher, elles prennent des couleurs brunes, jaunes, rouges.

La plupart des arbres de nos pays portent des feuilles **caduques,** c'est-à-dire qui tombent chaque hiver. Cependant, chez quelques-uns, nommés **arbres verts,** les feuilles sont **persistantes,** c'est-à-dire qu'elles durent deux, trois ou même quatre années, de sorte que leurs rameaux en sont toujours garnis. Tels sont le **fusain,** le **laurier,** le **buis,** le **lierre** et surtout la nombreuse famille des **pins** et des **sapins.**

XXVI. — LES FLEURS.

La fleur est une partie de la plante qui contient certains **organes** destinés à produire des fruits.

Un **bouton** de fleur est formé par l'ensemble des parties d'une fleur en miniature ; le bouton est d'ordinaire protégé par des sortes de feuilles qui l'enchâssent comme dans une **coupe**, de sorte qu'on appelle cette partie de la fleur le **calice**.

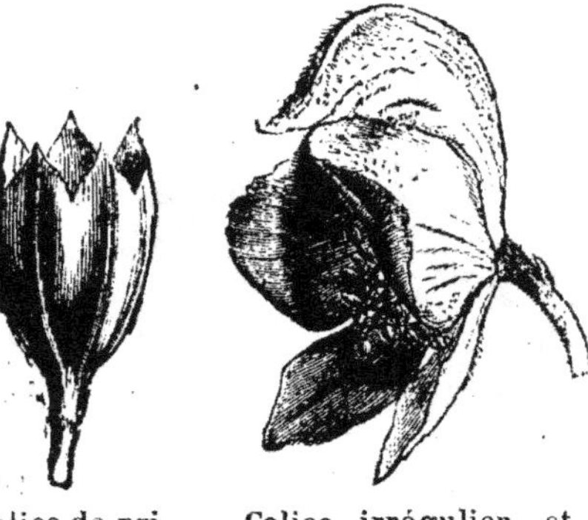

Calice de primevère.

Calice irrégulier et coloré de l'aconit.

En botanique, on ne dit ni la **queue** ni la **tige** d'une fleur, mais le **pédoncule**.

La forme des calices est très variable. Celui de la **primevère**, du **liseron**, du **tabac**, présente un petit cornet dentelé d'une seule pièce. Il **a cinq** divisions dans les fleurs de **bourrache**, d'**églantier**, de **lin**.

Fleur en cloche du liseron.

Les fleurs de **pied d'alouette**, d'**aconit**, de **capucine** et de **fuchsia**, ont des calices de forme irré-

Fleur en rosace de la bourrache.

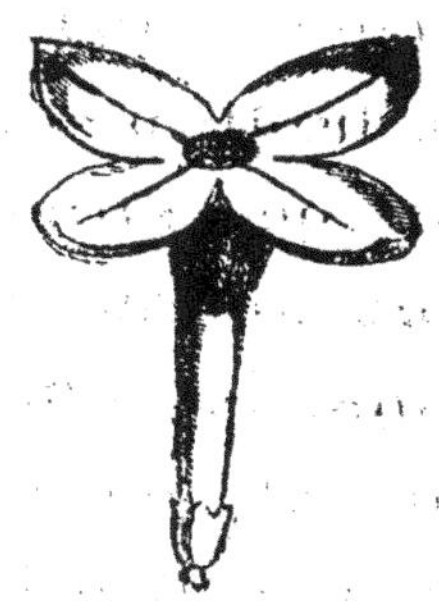

Fleur du lilas.

gulière colorés en bleu, en jaune, en rouge. Dans la
fleur **d'aconit**, il faut déranger les pièces du calice
pour découvrir les autres parties.

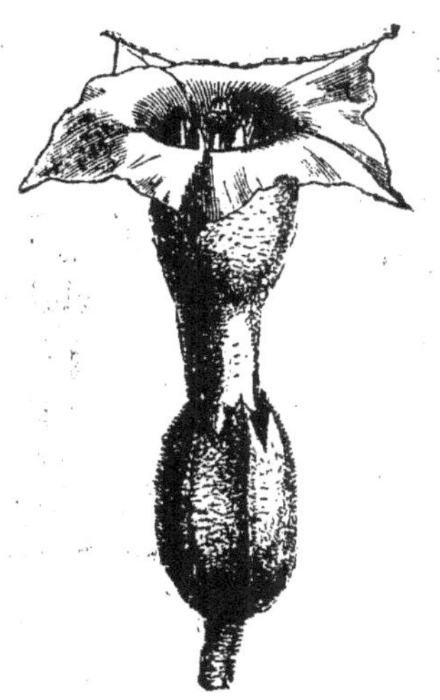

Fleur du tabac.

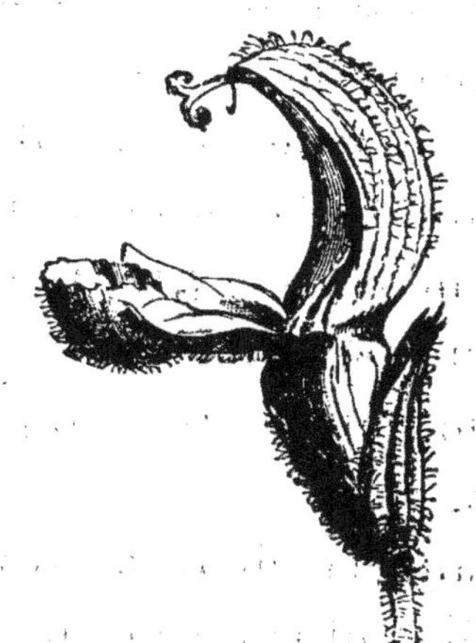

Fleur labiée de sauge, grandie.

La **corolle**, partie de la fleur qui sort du calice,
est ordinairement très développée. Son tissu délicat

présente une apparence tantôt **diaphane** comme dans la **rose** ; tantôt **veloutée** comme dans la **pensée** ; tantôt **vernissée** comme dans le **bouton d'or**. Quant aux couleurs, on les trouve toutes dans les fleurs, sauf le noir et le vert. Les **tons**, les **nuances** de ces couleurs sont souvent inimitables à cause de leur délicatesse ou de leur éclat.

La corolle consiste en une ou plusieurs pièces appelées **pétales**.

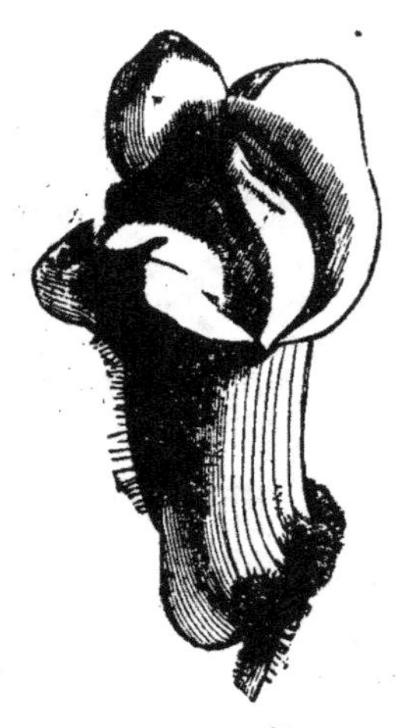

Fleur du muflier.

Si l'on regarde par transparence des pétales de **rose**, de **giroflée**, on voit que les pièces de la corolle ont des **nervures** très délicates. Lorsque les pétales offrent à peu près la forme d'une feuille, comme dans la **giroflée**, la partie étroite qui les termine à la partie inférieure s'appelle **onglet**.

Dans la fleur d'**ancolie**, les pétales ont la forme de cornet. Les fleurs du **liseron**, de la **campanule**, ressemblent à une cloche.

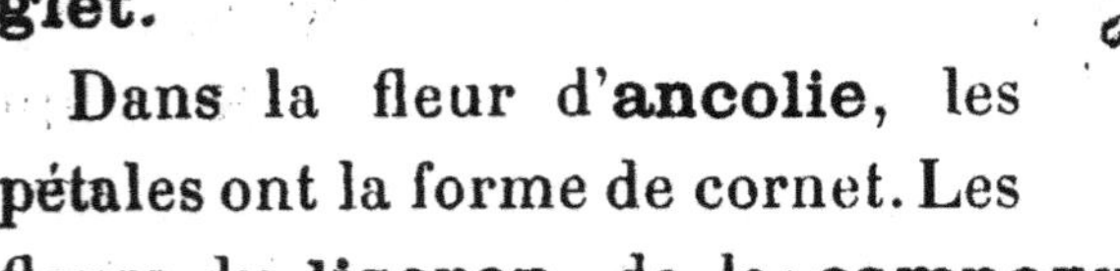

Fleur du pois.

Celle de **bourrache**, avec ses cinq pétales entre

lesquels sont symétriquement disposées les pièces du

Fleur en croix de la giroflée.

calice, représente une élégante **rosace**, c'est-à-dire un ornement formé de lignes variées dont l'ensemble peut se dessiner dans un cercle.

La fleur du **jasmin** et celle du **lilas**, avec leurs quatre pétales concaves, nous offrent aussi un type facile à reconnaître. D'autres, comme la **grande consoude**, le **tabac**, s'allongent en tube droit ou renflé.

La fleur de la **sauge** simule assez bien une gueule ouverte avec deux **lèvres**, dont l'une est dressée et l'autre pendante : on dit que sa corolle est **labiée**.

La fleur de **muflier** ou **gueule de lion** offre une sorte de corolle labiée qui ressemble un peu au **mufle** d'un animal. De même, la fleur du **pois**, avec ses

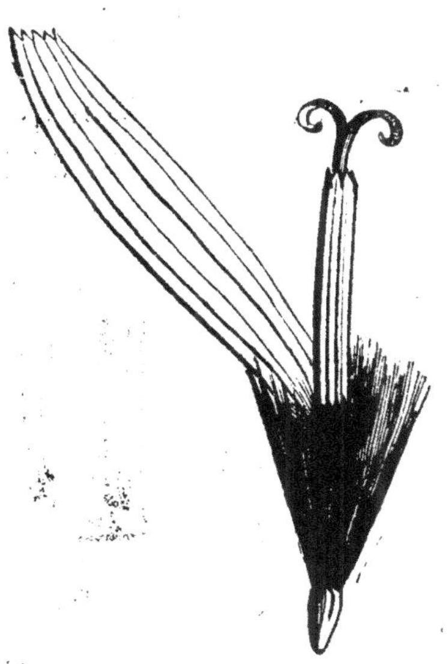

Fleuron de la fleur composée du pissenlit, grandi.

deux grands pétales renversés, passe pour représenter

un papillon, de sorte que l'on appelle **fleurs en papillon**, toutes celles qui offrent cette apparence.

Le **chou**, la **moutarde**, la **giroflée**, ont des **fleurs en croix** formées par quatre pétales.

Fleur d'anémone à calice coloré simulant des pétales.

Dans une fleur de **pissenlit**, de **reine-marguerite**, chaque **languette** est une petite fleur complète, un **fleuron**.

La **fleur** du **lis** se compose de trois pétales d'un blanc pur emboîtés dans un **calice** formé de trois pièces qui ressemblent beaucoup aux pétales.

L'**anémone** semble n'avoir pas de calice, mais cinq pétales très larges, assez semblables à ceux de l'**églantine**. Cependant ces pièces délicates et brillamment colorées sont celles du calice qui a l'apparence d'une corolle.

Pistil et étamines d'une fleur de giroflée.

Si l'on enlève le calice, puis les pétales d'une fleur de **giroflée**, ce qui reste est la vraie fleur. Au centre on voit une sorte de **flacon** allongé, terminé par une masse élargie légèrement fendue. Le flacon s'appelle **pistil**. Autour du pistil sont rangées les **étamines**.

Ce sont les étamines et le pistil qui se **chargent de** produire des graines ; par conséquent, ce sont les parties constituantes, les **organes** essentiels de la fleur.

XXVII. — LES FRUITS.

Le pistil d'une fleur se compose de parties nommées **ovaire**, **style** et **stigmate**.

Quand on ouvre l'ovaire, on y aperçoit des petits points blanchâtres, qui sont des graines encore tendres et inachevées, que l'on appelle **ovules**.

Si l'on examine une fleur de **lis**, on voit, au centre, le pistil vert terminé par une petite masse veloutée. **Autour** du pistil sont rangées les **étamines**, qui laissent tomber une poussière jaune nommée **pollen**.

Pistil de primevère, grandi.

Lorsque le pollen tombe sur le **stigmate** qui termine le **style**, il s'y attache. Cela est nécessaire pour que le fruit **noue**, comme disent les jardiniers, c'est-à-dire pour que l'ovaire continue de vivre, grossisse et devienne

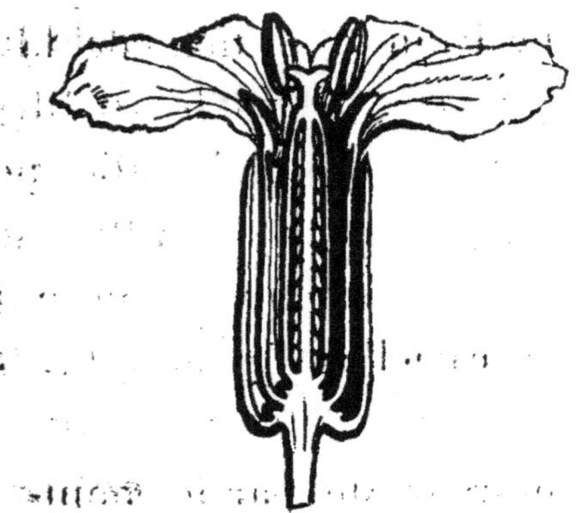

Fleur de giroflée coupée en deux pour montrer les ovules.

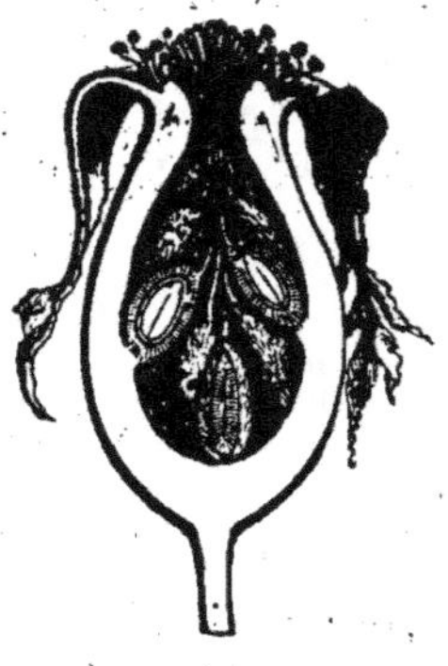

Réceptacle creux de la rose.

un **fruit**, dans lequel on trouvera les graines mûres. Si l'on coupe les étamines d'une fleur avant qu'elles aient laissé échapper leur pollen, cette fleur devient **stérile**, c'est-à-dire son ovaire se flétrit et tombe.

On appelle **réceptacle** la partie sur laquelle sont fixés, attachés les organes essentiels de la fleur. Dans la rose, le réceptacle est en forme de bouteille; celui

Fruit du chêne.

de la fleur de pommier est moins creux; il se confond avec l'ovaire. Peu à peu le réceptacle et l'ovaire soudés ensemble grandiront de compagnie et se confon-

Fruit du châtaignier.

dront si bien que l'on ne pourra plus les distinguer, ils formeront ensemble la **pomme**. Mais les petites lanières vertes du calice ne tomberont pas. Elles se dessècheront et formeront ce que l'on appelle l'**œil**

Pomme coupée.

de la pomme. Vous trouvez la même conformation dans la **poire**, le **coing**, c'est-à-dire dans les fruits à **pépins**, tandis que la **prune**, la **cerise**, le **raisin**, n'ont pas d'œil, parce que leur ovaire est **libre**, dégagé du réceptacle qui leur sert seulement de support.

Dans la fleur du fraisier, le réceptacle se relève, grossit, et devient **la fraise** charnue et succulente.

La fleur du **chêne** qui porte l'ovaire est entourée d'un grand nombre de petites écailles. A mesure que le fruit grossit, ces écailles se développent, se soudent, et

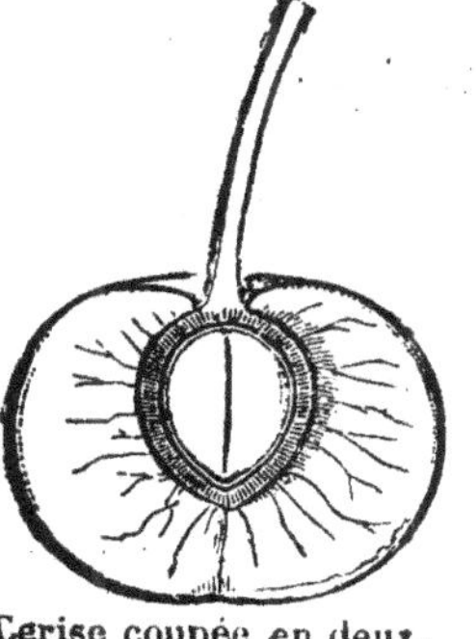

Cerise coupée en deux.

finissent par former une **coupe**

qui enchâsse la partie inférieure du gland. La même chose se produit chez le **châtaignier**. Trois petites fleurs sont renfermées dans une **coupe** de petites écailles. Celles-ci grandissent, se couvrent de piquants, enveloppent les trois ovaires ou fruits, qui sont les **châtaignes**.

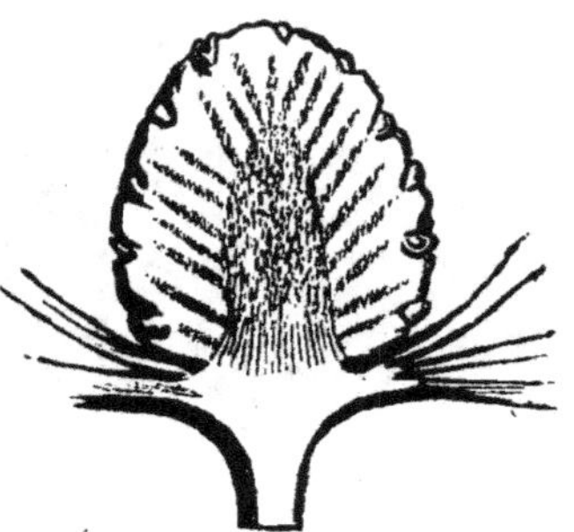
Fraise coupée en deux.

Il y a des **fruits charnus** comme la pomme, la cerise, la fraise ; et des **fruits secs**, renfermés dans une enveloppe dure, ferme, et à peu près sèche, comme ceux de l'**orme**, du **bleuet**, du **pissenlit**, de l'**érable**, du **blé**.

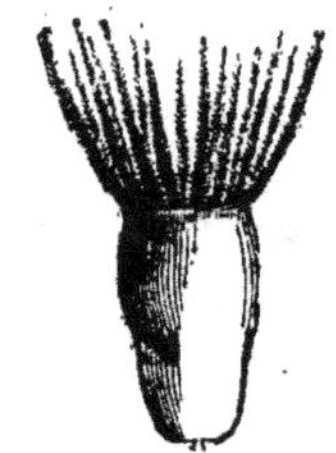
Fruit du bleuet, grandi.

Les **gousses** sont des fruits secs qui s'ouvrent en deux moitiés dont chacune porte des graines. Les **siliques** se séparent en trois parties : deux longues écailles vides, et un châssis délicat qui retient les graines : les **pois** portent des gousses ; le **chou**, le **colza**, portent des siliques.

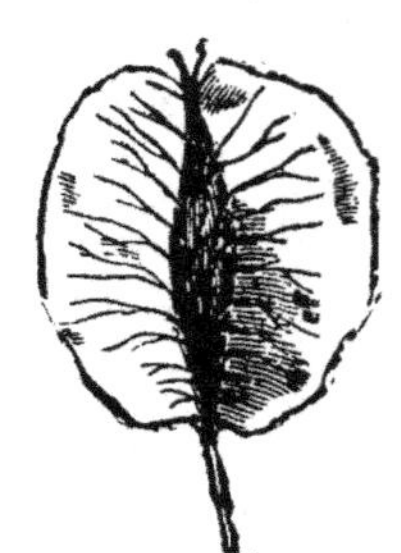
Fruit de l'érable.

Les **fruits** disposés comme ceux du **pavot**, de la **tulipe**, qui laissent échapper les graines par un certain nombre de soupapes ou d'ouvertures, s'appellent **capsules**.

Les fruits charnus, c'est-à-dire à pulpe molle, ju-

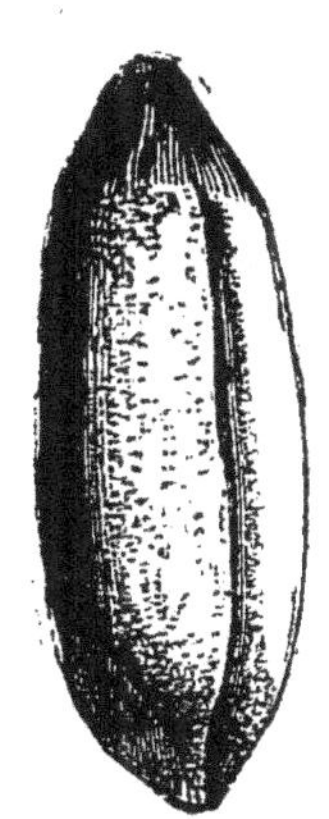

Fruit du blé, grandi.

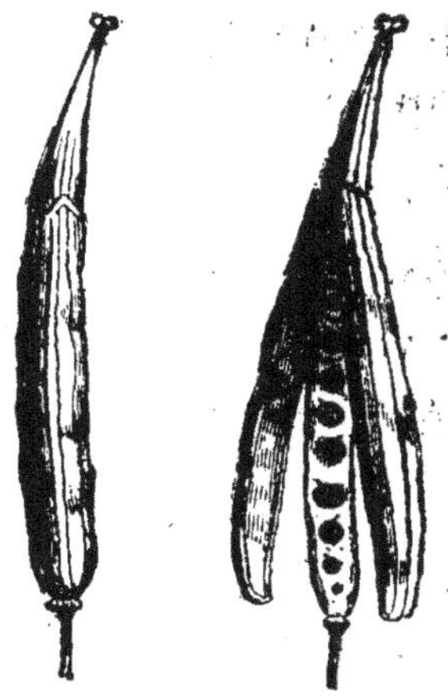

Silique de la giroflée.

teuse, se divisent en deux classes : les **baies**, et les **drupes**.

Capsule du coquelicot.

Baie de la parmentière.

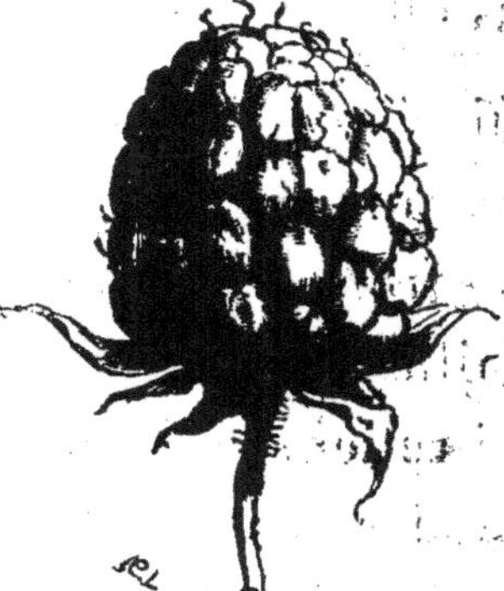

Baies agglomérées qui composent le fruit du mûrier.

Dans les baies, les graines sont simplement soute-
nues par la **pulpe** du fruit, comme dans le fruit de la

pomme de terre, que l'on appelle plus correctement **parmentière**, dans ceux de la **vigne**, du **melon**.

Les graines des drupes sont protégées par une cloison coriace, parcheminée, comme dans le **pommier**, le **poirier**, ou renfermées dans un noyau comme on le voit dans la **cerise**, la **pêche**, l'**abricot**. Par conséquent, les drupes comprennent tous les fruits à noyaux et à pépins.

XXVIII. — LES GRAINES.

La graine est un œuf de plante. Elle contient le **germe**, l'**embryon** dont le développement produit un végétal semblable à celui d'où provient la graine.

Graine de poirier.   Graine de nigelle.   Graine de tabac.   Graine de coquelicot.

A partir du moment où une plante annuelle ou bisannuelle **monte en graine**, la vie abandonne les parties basses, se réfugie par degrés aux étages supérieurs, développe la fleur, grossit les fruits, perfectionne les graines, dernier terme de tout ce long et minutieux travail. Une fois les graines mûres, la plante desséchée a rempli son rôle. Elle disparaît.

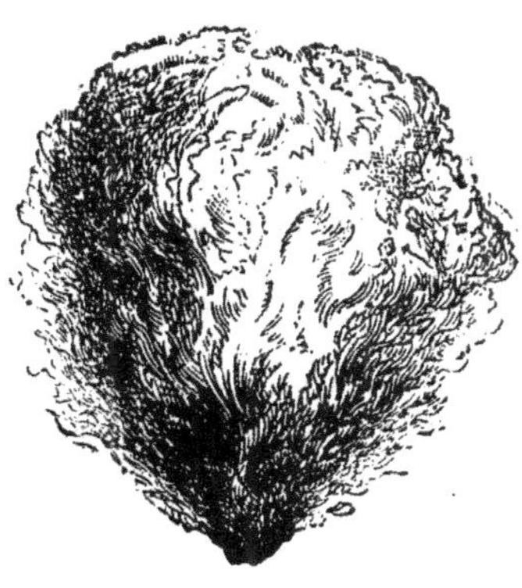

Graine duveteuse de cotonnier.

Les plantes vivaces sont pourvues de réserves alimentaires plus considérables, ou dépensent peu de matériaux, en proportion de leur poids, pour l'achèvement des graines, qui n'épuise pas leur vitalité.

La graine du **saule** est enveloppée de fin duvet. La graine du cotonnier est couverte d'un duvet souple, long et résistant qui fournit à l'industrie le **coton** employé à la fabrication des étoffes.

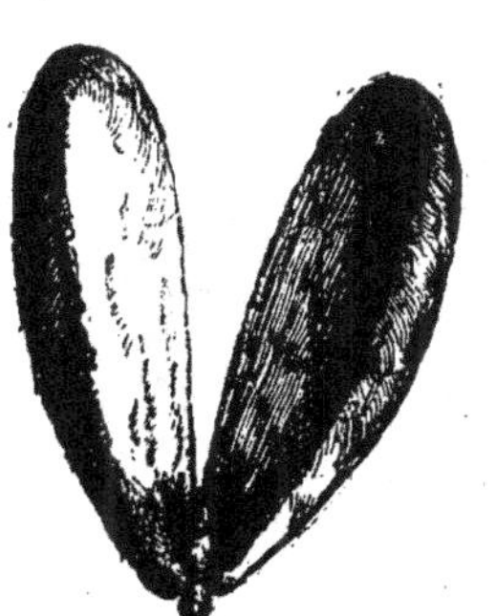

Embryon d'amandier
ouvert.

Lorsque l'on enlève l'enveloppe d'une graine, on trouve l'amande.

Dans le haricot, la fève, l'amande se compose de deux gros **cotylédons** entre lesquels on voit une sorte de petite plante en miniature avec **racine, tige** et **bourgeon.**

L'ensemble de ces parties s'appelle l'embryon.

Dans le fruit du **blé**, l'amande remplit toute la graine, mais l'embryon est tout petit et il n'a qu'un seul cotylédon. La **farine** qui se trouve au-dessus de l'embryon est une provision de **nourriture** pour la jeune plante qui n'en recevrait pas assez de son petit cotylédon.

Un grand nombre de graines portent du duvet, des ailes, des aigrettes qui facilitent leur **dispersion**. D'autres se trouvent lancées au loin par le fruit qui s'ouvre subitement.

Coupe d'un fruit de blé.

Les cours d'eau emportent des graines et les déposent bien loin des lieux où elles se sont formées. Les oiseaux contribuent aussi à leur **dissémination**.

La plupart des plantes produisent des graines très nombreuses afin de parer à toutes les mauvaises chances qui les attendent et d'assurer la propagation de l'espèce.

Quelques graines perdent assez promptement leur **vitalité**. D'autres, au contraire, semblent con-

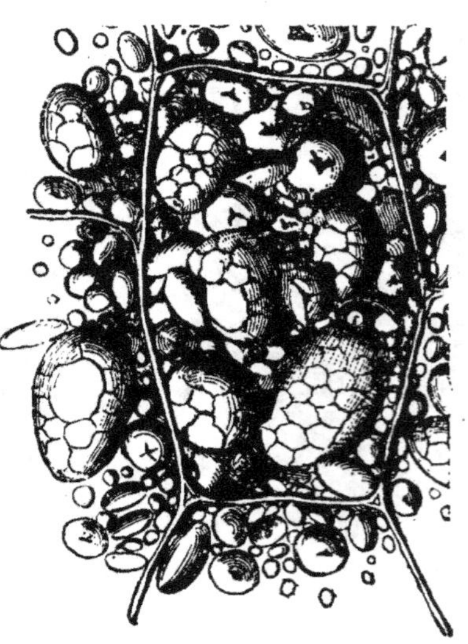

Fragment de la partie farineuse d'un grain de blé vu au microscope.

server indéfiniment leur faculté germinative.

La graine produit une plante qui présente ordinairement les qualités et les défauts de la plante mère. Aussi les jardiniers choisissent pour **porte-graines** les sujets les plus vigoureux et les plus parfaits.

Dans les plantes dites **céréales**, les fruits consistent presque exclusivement en une graine qui contient un très petit embryon entouré de farine. C'est ce qui rend ces plantes si précieuses pour nous.

Graine ailée du pin.

Les graines de pois, de fève, de haricot, de lentille, sont renfermées dans une **gousse** : on nomme quelquefois les gousses des **légumes** : voilà pourquoi on appelle **légumineuses** les plantes qui portent des gousses.

XXIX. — LES FAMILLES DE PLANTES.

Pour classer les plantes, on procède de la même manière que pour le classement des animaux, on cherche à rassembler en **familles** celles qui se ressemblent le plus.

Les fleurs d'**églantier**, de **fraisier**, de **pommier**, ont un calice divisé en cinq pièces pointues, et cinq pétales, qui forment une **rosace** régulière.

Ces caractères leur donnent un air de ressemblance. Les fleurs de la **ronce**, nommée vulgairement **mûre des haies**, celles du **framboisier**, de la **reine des prés**, du **pommier**, du **néflier**, du **cognassier**, du **sorbier**, de l'**aubépine**, de l'**amandier**, du **pêcher**, de l'**abricotier**, du **prunier**, du **cerisier**, de l'**églantier** ou **rosier sauvage** ont aussi des fleurs disposées en rosace.

Elles constituent la famille des **rosacées**.

Dans une si nombreuse famille, on peut établir des divisions et former des **tribus** qui comprennent les membres les plus ressemblants entre eux.

Fleur d'églantier.

Dans la fleur de **framboisier**, le réceptacle se redresse exactement comme celui de la fleur de **ronce**. De plus le framboisier, comme la ronce, est un arbrisseau sarmenteux; de sorte que l'ensemble de la plante, aussi bien que la conformation de la fleur, nous autorisent à la ranger dans la **tribu des ronces**.

Pour classer les plantes les botanistes groupent d'abord en bloc toutes celles qui offrent un certain caractère très général, très facile à saisir, comme par exemple : un calice à cinq divisions, et une corolle à cinq pétales. C'est ainsi que l'on a formé la famille des **rosacées.** Ce groupement en bloc oblige à mettre ensemble des arbres, des arbrisseaux et des herbes ; des plantes dont la fleur diffère par quelques détails de structure, et qui donne naissance à des fruits tout à fait différents.

Rameau fleuri de pommier.

S'il s'agit de diviser cette **famille** en **tribus,** on se montre plus difficile. Pour être admise, chaque plante doit offrir des ressemblances nombreuses dans l'ensemble et dans les détails.

Les fleurs de **carotte,** d'**angélique,** de **céleri,** de **cerfeuil** ressemblent à un parasol déplié. Ce caractère les a fait réunir dans la famille des plantes qui fleurissent **en ombrelle** ou mieux **en ombelle,** pour ne pas changer une forme vieillie du même mot.

Le **fenouil**, l'**anis**, le **panais**, sont de la même famille.

Des plantes dont les fleurs sont disposées en forme de papillon et qui portent ensuite des **gousses**, forment aussi une famille, qui compte parmi ses membres le **haricot**, la lentille, la **luzerne**, la réglisse, le **sainfoin**, le **trèfle**, la lentille, le **genêt**, l'**acacia**.

Fleur en ombelle de la carotte.

Comme les familles de plantes sont fort nombreuses, il est utile de réunir un certain nombre de familles en **classes** faciles à reconnaître par un caractère général très simple.

Fleur en ombelle de l'angélique.

Ainsi nous pouvons former la division ou **sous-classe** des fleurs qui ont plusieurs pétales, et celle des fleurs qui portent un seul pétale.

Dans la première figurent toutes les familles dont nous venons de parler : ce sera la **sous-classe** des plantes à **pétales multiples**.

Dans la seconde classe se rangeront les fleurs à pétale unique, comme celle du liseron, de la **campanule**, de la **primevère**, de la **sauge**, de la **belladone**, de la **chicorée**, du **melon**.

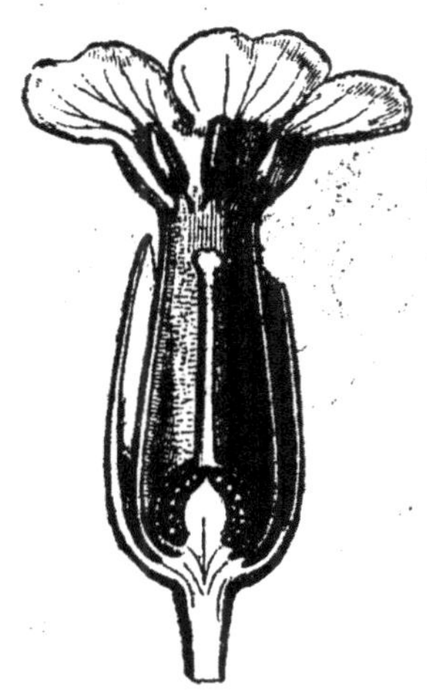

Fleur de la primevère, coupée en deux pour montrer les graines dans l'ovaire.

Il y a des fleurs comme celles du **châtaignier**, du **chêne**, du **saule**, de l'**ortie**, du **chanvre**, qui n'ont pas de pétales. **Nous** avons encore là un caractère important qui nous fournit une division ou sous-classe.

Essayons maintenant de réunir ces trois sous-classes en une seule classe, en prenant pour terme de comparaison un caractère commun à toutes.

Les graines du **rosier**, de la **carotte**, du **haricot**, du **liseron**, de la **primevère** ont toutes deux cotylédons. Réunissons toutes ces plantes pour former la **classe** des plantes à deux cotylédons. Remarquez

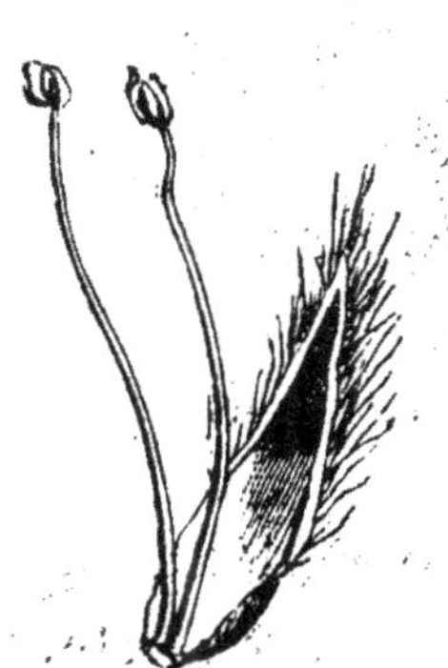

Fleur mâle du saule, composée du pistil et d'une écaille du chaton.

Fleur femelle du saule, composée de deux étamines et d'une écaille.

en outre, que ces graines à deux cotylédons sont toutes **protégées** par une **enveloppe** spéciale, qui est le fruit. Ajoutons ce caractère au précédent et nous aurons la classe des plantes à graines protégées et à deux cotylédons.

Fleur du blé. — Les organes reproducteurs sont protégés par deux écailles (glumes).

Simplifions et généralisons encore plus. Toutes les plantes dont nous venons de nous occuper se reproduisent au moyen de graines formées dans le fruit ; toutes ont des fleurs. Nous pouvons donc établir comme point de départ, pour les plantes comme pour les animaux, de grandes catégories ou **embranchements** auxquels se rattacheront comme des rameaux les classes, sous-classes, familles et tribus.

Ainsi nous dirons : l'**embranchement** des plantes à fleurs, et à graines protégées ; — la **classe** des plantes à graines protégées contenant deux cotylédons ; — les trois **sous-clas-**

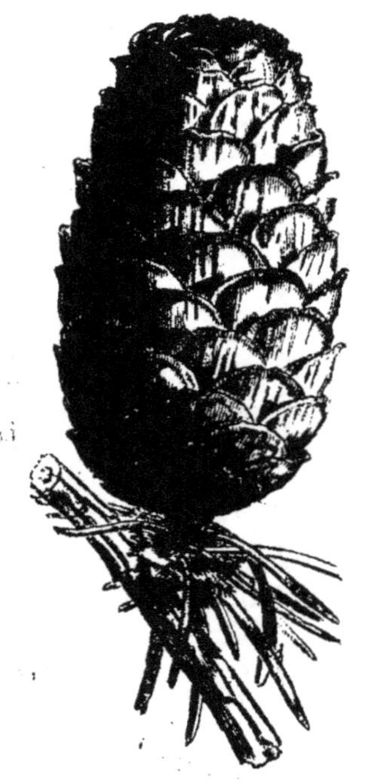

Cône de sapin.

ses de plantes à fleurs sans pétales, à un seul pétale, à plusieurs pétales ; — les **familles** des rosacées, des ombellifères, des fleurs en papillons ; — la **tribu des** ronces, etc., etc.

Plus tard, nous ajouterons à ces notions et vous saurez classer les plantes dont les graines n'ont qu'un cotylédon ; celles qui portent les graines nues ; simplement protégées, avant leur maturité, par des écailles, comme dans les **cônes** des **pins** et des **sapins**, celles qui n'ont pas de fleurs comme les champignons.

Champignon.

Mais dans la vie pratique, il y a une autre manière de les grouper, et c'est celle que nous adopterons d'abord. Ainsi nous étudierons les plantes **alimentaires**, les plantes **fourragères**, les plantes **industrielles**, les plantes **médicinales** et les plantes **dangereuses**.

———

XXX. — PLANTES ALIMENTAIRES.

On peut, pendant la belle saison, trouver des ressources alimentaires dans les plantes sauvages.

Le **cresson de fontaine**, la **chicorée sauvage**, la **mâche**, le **pissenlit**, fournissent des salades.

Il y a plusieurs bonnes espèces de **champignons** : l'**agaric comestible**, que l'on cultive en grand sous le nom de **champignon de couche** ; le **cèpe**, la **morille**, la **girolle**. On ne doit les cueillir que si

Cresson de fontaine.

l'on est sûr de les bien connaître, car il y a beaucoup de champignons **vénéneux**.

Parmi les fruits sauvages, les plus intéressants sont : les **mérises**, les **sorbes**, les **prunelles**, les **cormes**, les **myrtilles ou airelles**, les **faînes**, les **noisettes**.

En temps de disette, on utilisait jadis une foule de racines, d'écorces, de pousses, de fruits que l'on néglige d'ordinaire parce que l'on se procure facilement une nourriture plus saine et plus fortifiante. Aussi les plantes alimentaires cultivées sont, de beaucoup, les plus importantes.

On cultive pour leurs feuilles les **salades**, les **choux**.

Jeune tige d'asperge.

Les salades les plus généralement cultivées sont la laitue pommée, la laitue romaine, dont les

Artichaut.

longues feuilles allongées sont supportées par une grosse nervure; la chicorée endive au feuillage frisé, et sa variété l'escarolle, dont les feuilles sont simplement ondulées; les épinards, le pourpier, la bette à carde, qui sont d'un usage moins répandu.

Les parties herbacées des végétaux sont des aliments très peu substantiels, utiles pour varier la

Radis.

nourriture, mais sur lesquels il ne faut pas compter pour donner des forces.

On emploie comme assaisonnement les feuilles de persil, de cerfeuil, de pimprenelle, d'estragon, de thym, de civette, de laurier, etc. On mange aussi la tige de quelques plantes, seule ou accompagnée de feuilles. De ce nombre sont l'asperge, l'oignon ordinaire, le poireau à bulbe allongé en cylindre; la civette, la ciboule, l'échalote, l'ail, très sain, mais trop parfumé.

On ne mange guère dans le **chou-fleur** que les touffes serrées de fleurs en boutons et leurs **pédoncules** charnus.

La partie comestible de l'**artichaut** est le **réceptacle** de ses grosses fleurs **composées** entouré d'écailles à base charnue.

Plusieurs des plantes potagères sont cultivées pour leurs fruits, par exemple : le **melon**, la **citrouille**, la **courge**, le **concombre**, la **tomate**, le **piment**.

Les **racines** comestibles les plus répandues sont : la **carotte**, le **navet**, le **radis**, la **tige souterraine** ou **tubercule** de la pomme de terre qui contient beaucoup de **fécule**.

Les autres racines potagères les plus précieuses sont le **panais**, le **topinambour**, la **patate** qui

Maïs.

ne vient guère que dans le Midi ; le **salsifis**, le **raifort**, la **betterave**, dont on cultive en grand diverses variétés pour la nourriture des animaux et pour la fabrication du sucre.

On appelle plantes céréales celles que l'on cultive pour leurs graines farineuses. Les céréales de notre pays sont le **blé**, le **seigle**, l'**orge**, l'**avoine**, le **sarrasin**, le **maïs** et le **millet**. Dans les pays plus chauds que le nôtre, on cultive en grand le **sorgho**, sorte de grand millet, et le **riz**, qui forme la base de la nourriture dans une grande partie de l'Asie.

Toutes ces céréales, **excepté** le sarrasin, appartiennent à la famille des **graminées**.

La vigne.

Les céréales portent des fruits généralement appelés **grains**, qui consistent en une graine recouverte par les enveloppes minces qui constituent le **fruit**. Les graines n'ont qu'un très petit **embryon** entouré et surmonté par une provision de nourriture qui est la **farine**. Cette farine se compose d'**amidon** et d'une **substance azotée**, de sorte qu'elle forme un aliment **complet**, suffisamment nourrissant et réparateur.

On mange les graines d'un grand nombre de plantes dont les fruits sont des **gousses**. Les botanistes appellent quelquefois les **gousses** des **légumes**; de sorte que l'on donne à ces plantes le nom de **légumineuses**. Tels sont : le **haricot**, la **fève**, le **pois**, la **lentille**, le **lupin**.

Les graines des légumineuses constituent l'aliment le plus riche, le plus complet et le plus économique.

Quant aux fruits proprement dits, ils nous fournissent des aliments sucrés, acidules et parfumés. De plus on les emploie souvent pour fabriquer des **boissons fermentées** : tels sont le **raisin**, la **poire**, la **pomme**, l'**orange**, etc.

XXXI. — PLANTES FOURRAGÈRES ET INDUSTRIELLES.

On appelle **prairies naturelles** celles dont on fauche l'herbe.

Les **pâturages** ou **pacages** sont des terrains ordinairement peu fertiles ou mal soignés dont l'herbe n'est pas fauchable, et qu'il faut forcément faire consommer sur place.

Les meilleures herbes de nos prairies naturelles

sont : **l'ivraie vivace** ou **ray-grass,** qui porte un épi large, plat, formé d'**épil-lets** longs, pointus et aplatis ; le **vulpin des prés** aux jolis épis, en forme de queue de renard, formés par une multitude de fines écailles accompagnées de très courtes barbes ; la **fléole,** herbe favorite des chevaux, dont l'épi est de couleur violette ; les **fétuques,** dont les fleurs forment une sorte d'épi lâche qui ressemble un peu à celui de l'avoine ; la **houlque** parfumée, dont les fleurs très précoces, moins éparses que celles des fétuques, forment un panache gris soyeux. Toutes ces belles et bonnes herbes

Luzerne.

des prairies appartiennent à la famille des **graminées,** qui nous fournit aussi les céréales.

On appelle **prairie artificielle** ou **temporaire,** un champ que l'on a labouré

Rameau d'olivier.

pour y semer des plantes fourragères, comme le **sain-**

foin, la **luzerne**, le **trèfle**, qui sont des plantes **légumineuses**.

On nourrit principalement les vaches laitières avec

Tabac.

des **fourrages verts**, des **racines**, des **fruits**, comme le **chou cavalier**, le **rutabaga** ou **chou-navet**, la **carotte**, la **betterave**, le **panais**, le **navet**, la **citrouille**, la **pomme de terre**. On coupe quelquefois le **colza en vert** pour le don-

ner aux animaux, mais on le **cultive** d'ordinaire
pour ses graines dont on retire l'huile, qui sert à
l'éclairage. La **navette** appartient, comme le **colza**,
à la nombreuse tribu des **choux**. Elle fournit également un fourrage vert et une huile que l'on peut
employer à assaisonner la sa-
lade pendant qu'elle est fraî-
che. La **cameline**, plante de
la même famille, fournit aussi
une huile utilisée pour l'é-
clairage et pour la fabrication
du savon.

On assaisonne d'ordinaire
la salade avec l'huile d'**olive**
et l'huile d'**œillette**.

L'**olive** est le fruit de l'olivier, arbre de taille moyenne,
qui croît dans nos régions
méridionales. L'**œillette** est

Pavot œillette.

une variété de **pavot** dont les graines très petites,
mais très nombreuses, fournissent une huile d'excellente qualité. On retire aussi de l'huile comestible
des **noix**, des **faînes**, des **amandes**, des graines de
chanvre nommées **chénevis**.

Quant à l'huile de **lin**, elle s'emploie exclusivement
dans l'industrie. Elle est très **siccative**, c'est-à-
dire apte à se durcir au contact de l'air; c'est ce

qui la fait rechercher pour la préparation des vernis et pour la peinture en bâtiment.

On appelle **plantes oléagineuses** ou oléifères, celles dont on utilise certaines parties pour en extraire de l'huile.

On appelle plantes **textiles** celles qui fournissent certains produits employés à faire les tissus. Dans le lin et le chanvre, le produit textile est la **filasse** qui provient de l'écorce : dans le cotonnier, c'est le **duvet** qui entoure les graines.

On cultive le **houblon** pour récolter ses cônes, vulgairement nommés fleurs, composés de petites écailles vertes très minces qui, en mûrissant, deviennent d'un jaune roux. A l'aisselle des écailles se trouve un petit **fruit sec** et une résine odorante, amère.

Betterave à sucre.

Les fabricants de bière y font infuser des cônes **de houblon**, pour lui donner de l'amertume, du parfum et aussi pour qu'elle se conserve plus facilement

Cônes de houblon.

La racine de certaines variétés de **betteraves** est très sucrée : on les cultive pour fabriquer du sucre.

Dans quelques régions, on cultive le **tabac** dont les feuilles servent à préparer le tabac à priser, à chiquer et à fumer. Il serait à désirer que les terres consacrées au tabac fussent employées à d'autres cultures.

La **navette**, le **colza**, le **pavot** donnent leurs graines à l'industrie des fabricants d'huile : le **lin** et le **chanvre** fournissent des fibres à l'industrie des **tissus** ; le **houblon** sert à l'industrie des **brasseurs** ; la betterave est la base de notre **industrie sucrière.** Le tabac fournit à l'État la matière première d'une industrie dont

Chanvre.

il a le **monopole**. Nous pouvons faire de toutes ces plantes un groupe que nous nommerons **plantes industrielles**. Puis, si nous voulons diviser ce groupe, nous établirons les classes de plantes **oléagineuses**, **textiles**, **tinctoriales**, etc.

« Parmi les plantes de notre pays employées pour la teinture, les plus intéressantes à connaître sont : la **garance**, dont la racine produit une belle couleur rouge ; la **gaude**, nommée aussi **réséda-gaude**, et le **nerprun** qui donnent une couleur jaune ; le **safran** dont les pistils fournissent une belle couleur orange ; le **carthame**, qui sert à teindre en rose ; la **renouée** des **teinturiers** et le **pastel**, qui servent à teindre en bleu.

Le lin.

XXXII. — PLANTES MÉDICINALES

Parmi les plantes que l'on rencontre dans les jar-

Mauve.

dins, dans la campagne, il y en a beaucoup qui sont employées en médecine ; on les appelle **plantes médicinales.**

Nous allons passer en revue les plus usitées.

La **molène,** ou **bouillon-blanc** sert à préparer une tisane adoucissante, ainsi que la **mauve,** la **guimauve,** et les fleurs de **violette.**

La **bourrache** et la **pariétaire,** qui croît sur les vieux murs, contiennent du nitre.

L'infusion de **fleurs de sureau** est spécialement sudorifique : celle de **fleurs de tilleul** est sudorifique et calmante.

Au commencement de la plupart des maladies, et dans une foule d'indispositions, le médecin prescrit un **purgatif** ou un **vomitif.** Pour pur-

...er les enfants, il emploie volontiers la **fleur de**
pêcher.

On retire des graines
du **ricin**, belle plante
à grandes feuilles **pal-**
mées, une huile purga-
tive.

Le **narcisse des**
prés est une plante bul-
beuse dont les fleurs
desséchées s'emploient
comme vomitif.

S'il s'agit de purger
et de faire vomir, la
racine de **violette** en
décoction fournit un excellent remède.

Pariétaire.

Un **sinapisme** consiste en un cataplasme préparé avec de la farine
de graine de **moutarde**
noire délayée dans de
l'eau. Ce cataplasme,
appliqué sur la peau,
produit une irritation
qui la fait devenir
rouge.

Fleur de tilleul.

Le **cochléaria** ou herbe aux cuillers, crau-
son, herbe au scorbut ; la **cardamine** ou

cresson élégant, passerage sauvage, sont de

Petite centaurée.

plantes stimulantes, dont
on emploie principale-
ment le suc contre le
scorbut.

On appelle **toniques**
les remèdes qui servent à
donner du ton aux fonctions, à les rendre plus
énergiques. Les plus ré-
pandus sont : la **gen-
tiane** qui offre une amertume très franche ; la
petite centaurée, nommée aussi **chironée**,
herbe à la fièvre ; la **chicorée sauvage** ; le
pissenlit nommé aussi
florion d'or et **dent de
lion.**

Chicorée sauvage.

L'amertume est accompa-
gnée d'un goût spécial dans
la **fumeterre**, nommée
quelquefois **fiel de terre** ou
pied de géline, plante utile
dans les maladies scrofu-
leuses, les dartres ; précieuse
pour aider à faire disparaître
les **croûtes de lait** et les **vers.**

Les fleurs de la **camomille** ressemblent à de très petites pâque-rettes : leur odeur est forte mais aromatique, tandis que **la camomille puante**, nommée aussi **maroute, bouillot, amouroche**, n'offre qu'une odeur désagréable.

L'infusion de fleurs de camomille est amère et aromatique. Elle contient, en outre du principe amer qui est tonique, un principe volatil, une **essence**, qui la rend **stimulante, excitante**.

Fumeterre.

L'absinthe est amère et aromatique. On l'emploie comme **vermifuge**, c'est-à-dire pour tuer les vers des intestins. La tige souterraine ou **rhizome** de la **fougère mâle** est employée avec succès contre le **ver solitaire**.

Fleurs de menthe.

En général, les plantes très odorantes sont riches

en essences stimulantes. Telles sont **la menthe, le romarin, la lavande, la mélisse** ou **mélisse citronelle, citronade, pouchirade, piment des ruches**, qui forme la base de l'**eau de mélisse**, dont l'usage, comme stimulant, est fort répandu.

Toutes ces plantes odorantes stimulantes appartiennent à la famille des **labiées.**

Le nom de labiées vient de la disposition des fleurs dont le calice se partage et s'ouvre comme deux lèvres.

Les fleurs composées du **chardon bénit** ont les mêmes propriétés que la gentiane et la petite centaurée. Son infusion est utile comme tonique et comme **fébrifuge**, c'est-à-dire comme remède capable de dissiper la fièvre.

Camomille à fleurs doubles.

Quelques plantes médicinales affectent spécialement les nerfs, telles sont : la **digitale** que vous connaissez sous les noms de **doigtier, gaudis, gant de Notre-Dame,** qui ralentit les battements du cœur; la **valériane** ou herbe **Saint-George, herbe aux chats,** qui calme les irritations nerveuses.

La **morelle**, nommée quelquefois **crève-chien,**

herbe de loup, porte de petites baies qui deviennent rouges et noires en mûrissant. C'est une plante
narcotique, c'est-à-dire propre à engourdir et à
provoquer le sommeil.

Les **capsules** du **co-**
quelicot sont légère-

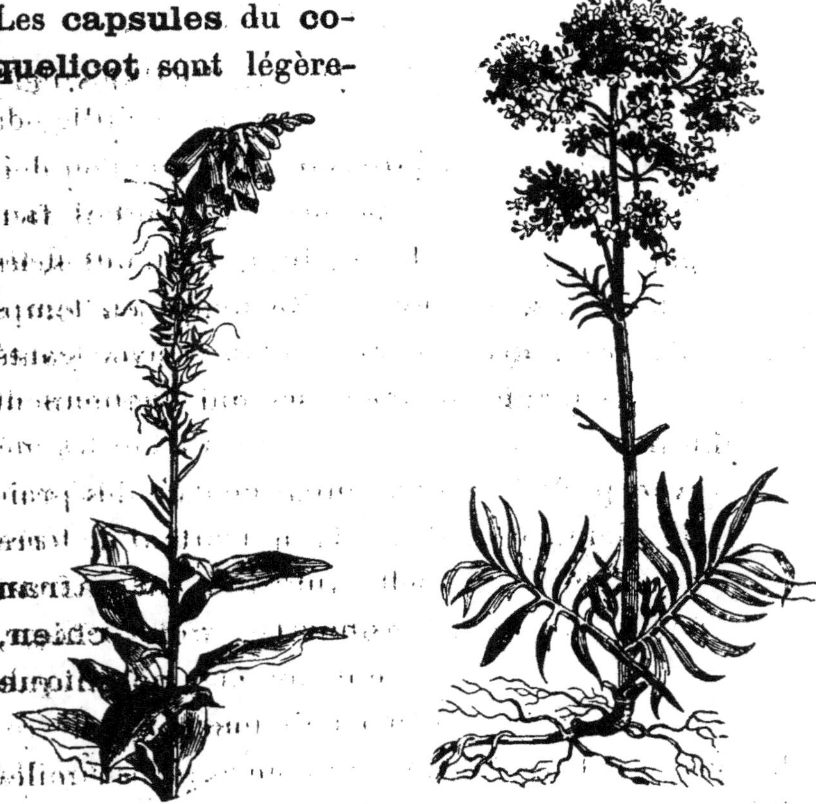

Digitale.   Valériane.

ment narcotiques ; mais elles ne contiennent pas
les mêmes substances que les capsules du **pavot**,
dont on retire le narcotique le plus énergique :
l'**opium**. Toutes les plantes narcotiques sont dan-

gereuses : on ne doit les employer qu'avec les plus grandes précautions.

XXXIII. — PLANTES DANGEREUSES.

On appelle plantes dangereuses celles que l'on doit s'abstenir de manier sans nécessité, et dont il faut bien se garder de goûter les racines, les feuilles, les fleurs ou les fruits, les graines. De temps en temps on entend dire qu'un enfant est mort pour avoir goûté à l'une de ces plantes dangereuses qui contiennent des **poisons.**

Vous avez probablement remarqué dans les prairies de jolies fleurs de couleur lilas qui sortent de terre en automne. On les appelle vulgairement **safran des prés, vieillotte, chenarde, mort-chien, tue-chien.** Les botanistes l'ont nommée **colchique d'automne.** Admirez-les, mais n'y touchez pas.

Je vous signale une autre plante de la même famille qui ne vaut guère mieux, c'est **l'ellébore blanc,** nommé communément **varaire, vraire, vératre blanc.** Heureusement elle ne croît guère que dans les pâturages élevés des régions montagneuses. On la reconnaît à ses bouquets de fleurs d'un blanc verdâtre.

L'arum appelé souvent **pied de veau, vaguette,**

langue de bœuf, herbe à pain, herbe dragone, contient un suc laiteux âcre et de saveur brûlante.

Le **momordique** ou **concombre sauvage,** nommé aussi **gôlante , concombre d'âne , prune de merveille ,** croît spontanément dans nos régions méridionales; on le cultive dans beaucoup de jardins. Les enfants s'amusent souvent à toucher ses fruits mûrs qui se détachent au moindre effort et, se resserrant subitement, font jaillir un liquide gélatineux qui entraîne les graines. Ces fruits contiennent un suc d'une saveur amère et désagréable qui n'annonce rien de bon et qui tient juste ce qu'il promet.

L'**euphorbe épurge** connue sous les noms d'**euphorbe catapuce , euphorbe lathyrienne, tithymale épurge,** est une plante commune sur la lisière des routes, dans les ter-

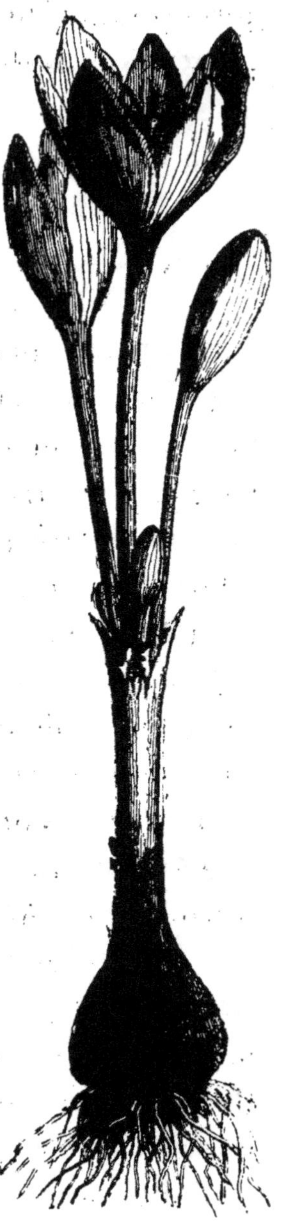

Colchique d'automne.

rains sablonneux et aussi dans les bois. **La tige**, d'un vert rougeâtre, se ramifie en une sorte d'ombelle qui porte des feuilles bleuâtres très étroites.

Fleur d'arunc.

En juin et juillet, de petites fleurs d'un jaune verdâtre se montrent à la bifurcation des rameaux. C'est encore une plante sur laquelle nous mettrons l'étiquette : n'y touchez pas.

On voit sur les toits, les **vieux murs**, les décombres, une jolie plante appelée **petite joubarbe, sédon âcre, orpin brûlant, poivre de murailles, pain d'oiseau, herbe Saint-Jean**. Son vrai nom est **vermiculaire**. Les tiges à demi rampantes, longues de 5 à 10 centimètres, portent de petites feuilles courtes, épaisses, charnues et des sortes d'épis de fleurs étoilées d'un jaune vif. Son nom : **orpin brûlant** vous indique que les feuilles contiennent un suc âcre et dangereux.

Le **mézeréon**, la **lauréole**, le **garou**, appartiennent à la famille des **daphnés**. Les feuilles fraîches, les fruits, un fragment d'écorce légèrement mâchés produisent une sensation brûlante dans la bouche et dans la gorge.

Les botanistes ont nommé **renoncule âcre** le

bouton d'or, appelé aussi **clair-bassin, jauneau, herbe à la tache, patte de loup, codron, grenouillette, renoncule des prés.** Comme toutes les renoncules, il contient un suc très âcre. Celui de la racine est particulièrement dangereux.

Il faut ranger dans la même catégorie l'**anémone**, ou **pulsatille noirâtre, bassinet, sylvie ; la pulsatille,** connue sous les noms populaires de **coquelourde, herbe au vent, fleur de pâques, teigne-œuf, passe-fleur , fleur aux dames.**

Vermiculaire.

Voici une autre série de plantes dont il faut se méfier : le **pied d'alouette,** nommé aussi **consoude, herbe au cardinal, dauphinelle des blés ; la staphysaigre,** que l'on appelle vulgairement **herbe aux poux,** et dont les petites graines ridées, courbées, anguleuses, sont connues, chez les herboristes, sous le nom de **graine de capucin ; l'actée,** ou

Fleur d'aconit

herbe de **Saint-Christophe, faux ellébore noir,
herbe aux poux.** L'ancolie, qui porte aussi les noms
de **colombine, gant de Notre-Dame, aiglantine,**
croît dans les bois montueux : on la cultive dans les
jardins où ses jolies fleurs bleues sont devenues doubles en même temps qu'elles prenaient des couleurs rouges, roses, bleues, blanches et panachées.

Morelle douce-amère.

La **clématite,** ornement des haies et des tonnelles, dont le feuillage découpé prend, à l'automne, de si belles teintes empourprées, est encore une plante dont il faut se garder de goûter les feuilles ou les petits fruits accompagnés de longues aigrettes soyeuses. Ses feuilles, son écorce, broyées et appliquées sur la peau y produisent un ulcère. On la désigne souvent par les noms de **cranquillier, aubervigne, berceau de la vierge, viorne, vigne blanche, herbe aux gueux.**

Peu de plantes ont reçu autant de noms que l'**aconit napel** appelé, suivant les provinces ou les cantons, **coqueluchon, capuchon, thore, madriélet, capuce de moine, napel, tue-loup, pistolets.** Ces derniers noms ne sont pas rassurants. C'est, en effet, une plante scélérate, qui a causé de nombreux malheurs. Sa racine ressemble assez à un petit navet. Des personnes qui s'y sont trompées ont été empoisonnées.

On doit considérer comme vénéneux les **champignons** qui ont une odeur

Stramoine.

désagréable, repoussante, une chair mollasse ou très dure, des couleurs vives, des mouchetures.

La famille des **solanées** est une des plus redoutables. Voici quelques-uns de ses membres qu'il importe de reconnaître : la **bryone**, qui s'accroche aux haies au moyen de ses longues **vrilles** et dont les fruits, gros comme des pois, deviennent rouges en mûrissant. Ses noms populaires sont : **vigne blanche,**

racine vierge, colubrine, feu ardent, couleuvrée, navet du diable, vigne du diable, etc.

La **morelle douce amère,** nommée communément **vigne de Judée, vigne sauvage, morelle grimpante,** herbe à la fièvre, **loque, crève-chien,**

Jusquiame.

porte des fleurs violettes ou blanches, qui se montrent de juin à septembre, auxquelles succèdent de petites **baies** arrondies, rouges, accompagnées du calice de la fleur.

Le **stramoine** exhale une odeur **vireuse,** pénétrante, qui annonce de très mauvaises qualités. Ses noms populaires sont : **chasse-taupe, endormie, herbe aux sorciers,** herbe du diable, **pommette, pomme épineuse.**

La **jusquiame** ou **hannebane, potelée, herbe aux engelures,** herbe à la teigne, **porcelet, mort aux poules,** ne vaut guère mieux.

La **belladone,** nommée vulgairement **belle dame, morelle furieuse, parmenton, guigne de** côte, produit des baies de la grosseur d'une cerise, d'abord vertes, puis rouges, et enfin noires, accompagnées du calice à cinq divisions. Ces fruits trompeurs ont causé de nombreux empoisonnements.

Il est important de ne pas confondre l'innocent **persil** avec la terrible **ciguë**. Dans le persil, les **folioles** sont larges, à trois **lobes** et en forme de coin. Les feuilles de la ciguë sont plus grandes ; les folioles sont incisées en dents aiguës. Les fleurs de la ciguë forment des **ombelles** de fleurs blanches serrées les unes contre les autres. En cas de doute, froissez

Belladone.

la plante : elle répandra une odeur **vireuse**, désagréable, et un suc jaune ; tandis que le persil colorera votre main en vert et exhalera une odeur agréable. La ciguë est un poison pour l'homme et les animaux à l'exception des moutons et des chèvres.

Toutes les plantes que nous venons de passer en revue contiennent des poisons. Cependant les médecins savent, dans quelques circonstances, les employer, à très petites doses, pour la guérison de maladies qui exigent une médication énergique.

QUATRIÈME PARTIE

LA MATIÈRE BRUTE.

XXXIV. — LES TROIS ÉTATS DE LA MATIÈRE.

Nous nous sommes occupés jusqu'à présent des êtres **organisés**, vivants : l'homme, les animaux, les plantes.

Nous allons maintenant faire connaissance avec la **matière brute**, celle qui ne vit point et par conséquent n'a pas d'**organes** : comme l'**eau**, l'**air**, les **minéraux**.

La matière s'offre à nous sous trois états : **solide, liquide, gazeux**.

Dans les corps solides les **atomes**, c'est-à-dire les **particules** infiniment petites de matière, se **touchent**, et ils s'**attirent** fortement les uns les autres.

Dans les liquides, les atomes se touchent, comme se touchent des grains de sable, mais ils ne s'attirent presque pas et se **déplacent** très facilement.

Les atomes des corps gazeux ne se touchent pas et même ils se **repoussent** les uns les autres.

Si l'on chauffe doucement un morceau de soufre, il **fond**, il se **liquéfie**, c'est-à-dire passe à l'état **liquide**. Si on le chauffe davantage, on voit s'élever une légère fumée : c'est le soufre qui passe à l'état

Alambic.

de **vapeur** ; le soufre liquide est devenu gazeux et s'est échappé dans l'air. Pour fabriquer le soufre en poudre fine nommée fleur de soufre, on fait fondre du soufre, et on le chauffe assez pour qu'il s'en dégage des vapeurs que l'on fait refroidir rapidement pour les condenser sous forme de fine poussière nommée **fleurs de soufre**.

Ainsi la même substance peut exister sous les trois états : **solide, liquide** et **gazeux**.

Il suffit de **chauffer** une substance solide pour la faire **changer d'état**, c'est-à-dire pour la rendre liquide et gazeuse. Pour obtenir l'inverse, c'est-à-dire pour changer un corps gazeux en liquide ou un liquide en solide, il suffit d'employer le **froid**.

Il suffit d'un changement de température peu

La fonte du fer.

considérable pour **solidifier** l'eau ou pour la réduire en **vapeur**. Si l'on refroidit une vapeur d'eau, elle se **condense** et redevient liquide. C'est sur ce principe que repose la **distillation** au moyen de **l'alambic**.

On peut distiller tous les liquides et aussi le soufre, le camphre et même des métaux

Le suif, la cire, le soufre fondent à une températture assez basse. Il faut une chaleur intense pour fondre de l'étain. On peut fondre ce métal dans une cuiller en fer, parce que le fer ne devient liquide qu'à une température extrêmement élevée. Pour le fondre il faut des fours construits exprès en briques réfractaires, c'est-à-dire capables de résister à une chaleur intense. D'ailleurs ces briques elles-mêmes

Cristaux de neige.

finissent par fondre et produisent une sorte de verre.

Pour se liquéfier, l'étain **absorbe** une certaine quantité de chaleur. Si on le retire du feu, il **perd** cette chaleur et redevient solide. L'absorption de chaleur a produit la **fusion** ou **liquéfaction** du métal; la perte de chaleur produit sa **solidification**.

Lorsque la solidification s'opère lentement, les corps prennent d'ordinaire une **texture** spéciale.

Leurs **atomes** ou leurs **particules** s'arrangent, comme on le voit dans les cristaux de quartz, suivant des **formes géométriques**. On dit alors qu'ils sont **cristallisés**.

La neige est formée par la vapeur d'eau condensée et solidifiée dans l'air sous forme d'élégants cristaux, qui s'accrochent les uns aux autres et se **soudent** en partie pour former des **flocons**.

La glace est également constituée par une agglomération de petits cristaux. Pour se former, pour se séparer les uns des autres, ces cristaux, si menus qu'ils soient, ont besoin d'un peu de place. Il en résulte que la glace, en se formant, occupe un peu plus d'espace que l'eau. Une bouteille d'eau bien pleine et bien bouchée éclate quand l'eau s'y congèle. On a fait éclater ainsi des obus et même des canons. C'est cette **expansion** de l'eau pendant son changement d'état, qui fait éclater les pierres poreuses dites **gélives** et tue les plantes délicates dont la sève se glace et déchire les **tissus**.

Effet du froid sur un obus rempli d'eau.

Le bois, le cuir, l'étoffe sont des matières **organi-**

sées ou **organiques,** comme disent les savants.
Celles-là ne changent pas d'état à la manière des matières brutes : elles se **désorganisent** et une fois
désorganisées ne reprennent jamais leur première
apparence.

XXXV. — L'AIR.

La terre roule dans l'espace, entourée d'une couche d'air que l'on appelle **atmosphère.**

L'air est un mélange de matières gazeuzes très légères et transparentes.

Un litre d'air sec, à la température de 0 degré,
c'est-à-dire à la température où se forme la glace,
pèse environ 1 gramme 3 décigrammes.

Sur une surface d'un décimètre carré la **pression**
de l'atmosphère équivaut à un poids de 103 kilogrammes, cette pression se fait sentir dans toutes les
directions. On peut le prouver par l'expérience sui-
vante :

On remplit d'eau un verre. On le couvre avec un
morceau de papier qui touche exactement l'eau. On
pose sur le papier une assiette, puis on retourne vivement le tout. Si l'on enlève l'assiette, l'eau du verre
ne tombe pas, parce que l'air **presse** le papier de
bas en haut avec une force bien supérieure à la pres-

sion que produit le **poids** de l'eau. Il faudrait une colonne d'eau de trente-deux pieds pour faire contre-poids à la pression de l'atmosphère.

Dans plusieurs grandes villes on se sert de la pression atmosphérique pour faire circuler dans des

Manière de reconnaître le poids de l'air.

tuyaux, placés sous terre, de petites boîtes pleines de dépêches. Les boîtes cylindriques, garnies de ron-delles de cuir graissé, ferment parfaitement les tuyaux. Quand on fait le vide au bout du tuyau, si-tué à plusieurs kilomètres, la boîte qui forme un tampon glisse dans le tuyau et en moins d'une mi-nute arrive à destination.

L'air est **élastique**. On peut le **comprimer**,

c'est-à-dire lui faire occuper un volume plus petit qu'à l'ordinaire; mais, dès que la compression cesse, il se **dilate** et reprend son volume primitif.

On a construit des machines qui sont mises en mouvement par de l'air comprimé dans de grands réservoirs au moyen de pompes ou par d'autres procédés.

L'air est transparent et **incolore**, lorsqu'on n'en voit qu'une petite quantité; mais en grandes masses il offre une teinte **bleue**. C'est la couleur azurée de l'air qui fait paraître bleuâtres les objets très éloignés et qui produit la couleur de la voûte céleste. Quand nous faisons du feu dans une cheminée, l'air contenu dans le tuyau s'échauffe, se dilate, et devenant plus léger

Expérience qui démontre la pression de l'atmosphère.

que l'air froid qui l'entoure, il monte.

A mesure que l'air chaud et léger monte, il se produit un **vide** dans la cheminée. L'air de la chambre se précipite aussitôt pour combler ce vide, de sorte qu'il s'établit un **courant** d'air. C'est ce que l'on appelle le **tirage** de la cheminée.

La fumée qui s'élève au-dessus d'une cheminée consiste en un peu de **charbon** très divisé, entraîné par le **courant** d'**air chaud**.

Si l'air de cette pièce se refroidissait tout à coup,

les atomes qui le composent se rapprocheraient un peu, il se condenserait. Cette condensation formerait un vide partiel. Aussitôt il arriverait par la cheminée, par les interstices des portes et des fenêtres, un peu d'air pour rétablir la pression : il se produirait des **courants** d'air.

Gonflement d'un ballon par le gaz d'éclairage.

Ainsi, dès que l'air s'échauffe ou se refroidit en un certain point, il se produit des **mouvements** dans sa masse, des **courants** par lesquels la pression se rétablit peu à peu et reprend son **équilibre**.

Lorsque l'air s'échauffe en un point, il monte, produit un **tirage**, un **appel** d'air froid. Si l'air se refroidit, il se condense, produit un vide, et un **appel** d'air chaud. Voilà en deux mots ce qui produit le depuis la **brise** qui fait à peine trembler les feuilles, jusqu'à l'**ouragan** qui déracine les arbres et renverse des maisons.

Il y a deux sortes de ballons : les **montgolfières** à air chaud, et les vrais ballons que l'on gonfle avec du gaz d'éclairage.

Un ballon monte dans l'air comme un bouchon monte dans l'eau, parce que l'air chaud et le gaz d'éclairage sont bien plus légers que l'air.

XXXVI. — L'EAU.

Les liquides tendent toujours à se mettre de niveau. C'est pour cela que l'eau jaillit, dans les **jets d'eau** et dans les **puits arté-siens**, à une hauteur qui dépend de la diffé-rence de niveau entre le réservoir et l'endroit où l'eau se trouve libre.

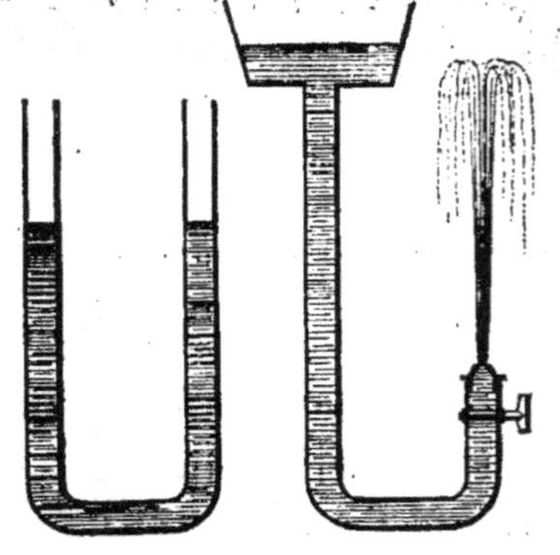
L'eau tend à se mettre de niveau.

Dans le voisinage de certains volcans, une nappe d'eau souterraine se trouvant échauffée, il s'en dégage de la **vapeur** qui presse violemment la surface et refoule le liquide dans les crevasses du sol. Si l'une de ces crevasses arrive jusqu'à la surface, on voit jaillir une gerbe d'eau bouillante. On appelle **geysers** ces fontaines jaillissantes d'eau chaude.

Geyser, ou fontaine jaillissante d'eau chaude.

Dans les circonstances ordinaires l'eau **s'évapore** lentement, prend la forme gazeuse. Si l'on chauffe l'eau, de manière à la changer rapidement en vapeur, on la **vaporise**. Dans un tube étroit, 2 grammes d'eau s'évaporeraient à peine en huit jours. Si on en imbibe un mouchoir et si on l'étend de manière à offrir une grande surface, toute l'eau sera évaporée en une heure, par un temps sec, à la température ordinaire. Ainsi l'**évaporation**, à la surface d'un liquide, est **proportionnelle à la surface**.

L'air dissout la vapeur d'eau comme l'eau dissout un morceau de sucre. Il en dissout plus ou moins, selon qu'il est plus ou moins chaud. Mais quelle que soit sa température, il arrive un moment où il se trouve **saturé**, c'est-à-dire incapable d'en dissoudre davantage. Lorsque l'air est presque saturé de vapeur d'eau, on dit que le temps est humide. Par ces temps le linge sèche difficilement, car l'air ne dissout presque plus de vapeur.

Si l'on veut vaporiser rapidement de l'eau on la chauffe. L'évaporation se fait d'autant plus vite que la température est plus élevée. Lorsqu'un mouchoir mouillé sèche devant le feu, plusieurs circonstances hâtent l'opération. L'eau se trouve répartie sur une **grande surface**, et portée à une température assez haute; l'air qui l'entoure est chaud, par conséquent apte à dissoudre plus de vapeur que l'air froid de la chambre; enfin, l'air qui se sature de vapeur au contact du linge mouillé se trouve constamment **renouvelé** par le tirage, l'appel de la cheminée, de sorte qu'il cède à chaque instant sa place à une nouvelle couche d'air non saturé.

Gouttes de rosée.

L'air saturé de vapeur d'eau à une certaine température abandonne une partie de sa vapeur s'il vient à se refroidir. Dans ce cas, la vapeur d'eau se **con-**

dense, sous forme de **nuages**, de **pluie**, de **brouillard**, de **rosée**.

Nuages allongés nommés cirrus.

La rosée consiste en gouttelettes d'eau qui se déposent sur les corps froids pendant les nuits bien claires.

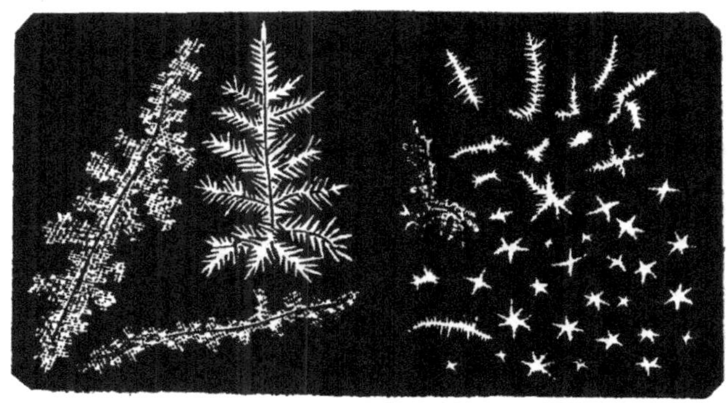

Formes du givre sur une vitre.

Les nuages sont des brouillards qui se forment très
haut dans l'air.

Si l'on s'élève en ballon jusqu'aux **nuages**, **on cons-**

tête que ce sont des brouillards semblables à ceux qui se forment près de la terre, par la condensation de la vapeur d'eau en gouttelettes très fines ou en petites sphères creuses nommées **vésicules**.

Cependant les nuages très élevés de forme allongée, appelés **queues de chats** par les marins, et **cirrus** par les savants, sont formés de fines aiguilles de **glace**. A cette hauteur, le brouillard gèle, de sorte que les nuages sont formés par une poussière de glace.

On peut se faire une idée de l'arrangement des aiguilles de glace dont se compose un cirrus en examinant le **givre** sur une vitre. Le givre est une sorte de rosée glacée. Par les temps froids, lorsque l'air d'une chambre est humide, il se forme sur les vitres un dépôt de vapeur condensée liquéfiée, une rosée en fines gouttelettes, qui se gèlent au fur et à mesure. Il en résulte de fines aiguilles élégamment disposées en forme de **feuilles de fougère**.

Bien que la mer reçoive constamment l'eau de tous les fleuves, elle ne change pas de **niveau**, parce que l'eau s'évapore constamment à sa surface. Cette eau, à l'état de vapeur, est emportée par le vent, et quand elle arrive dans les régions froides, elle forme des nuages, de la pluie, de la neige et de la glace. Toute cette vapeur finit donc par retourner à la mer, de sorte que l'eau, à la surface de la terre, est soumise à une continuelle **distillation**.

XXXVII. — LA COMBUSTION.

Un corps en **combustion** se **brûle**, c'est-à-dire se consume, **disparaît**, en produisant de la **lumière** et de la **chaleur**.

Une substance peut s'échauffer au point de produire de la lumière sans brûler, sans disparaître. Dans ce cas, il y a **incandescence** et non combustion. Ce qui rend lumineux le fer rouge que le maréchal forge sur l'enclume, c'est la chaleur **empruntée** au feu de la forge.

Sans air, ou plutôt sans oxygène, la combustion est impossible.

Toutes les fois que l'oxygène rencontre du **carbone** à une température suffisamment élevée, il s'en empare, s'unit rapidement et violemment à lui. De cette **union rapide** de l'oxygène et du carbone résulte un échauffement considérable qui produit les apparences ordinaires du **feu**, de la **flamme**.

En même temps il se produit du **gaz carbonique**. Voici une manière de le prouver.

On allume un peu de braise dans un petit panier en fil de fer que l'on plonge dans un bocal. Quand la braise a consumé tout l'oxygène renfermé dans le bocal elle s'éteint. On la retire alors et l'on verse un peu d'eau de chaux. En agitant le bocal, on voit l'eau se troubler : elle devient blanchâtre. Il s'est formé une **combinaison** de chaux et de gaz carbonique : de la craie, qui se dépose lentement au fond du vase.

Ce gaz carbonique est impropre à entretenir la combustion et la respiration. L'air n'en contient d'ordinaire que trois à six dix-millièmes. Lorsque cette proportion augmente beaucoup, l'air devient irrespirable. On doit donc renouveler constamment l'air dans lequel se produit du gaz carbonique. La **respiration** des hommes et des animaux, la **combustion**, la **fermentation** sont des sources abondantes de ce gaz et par conséquent des causes de viciation de l'air.

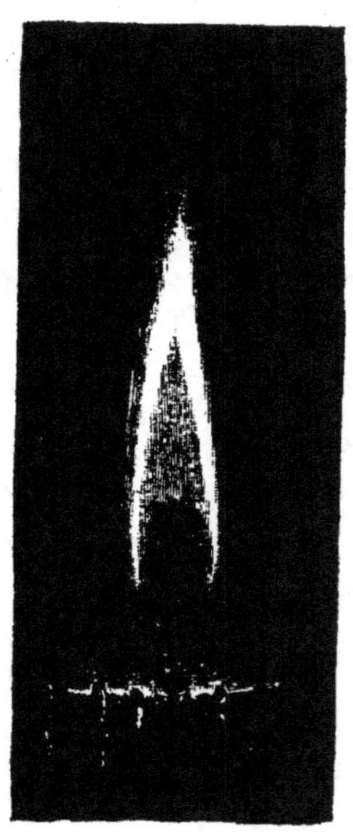

Flamme d'une bougie.

Le **carbone** des végétaux est le **combustible** auquel s'unit l'oxygène pour former de l'acide carbonique. Quant à la **houille**, c'est une sorte de charbon préparé par la nature avec des végétaux décomposés. Il y a du charbon dans le suif, l'huile, la stéarine, la cire, le camphre et l'alcool.

Pour rendre visible le charbon qui se trouve dans la flamme d'une bougie, il suffit de passer sur la flamme une assiette **froide**. On voit aussitôt sur l'assiette un **abondant dépôt de charbon en fine poussière** : c'est-à-dire du **noir de fumée**.

Combustion du fer dans l'oxygène.

Voici ce qui se passe dans la flamme d'une bougie. La stéarine, fondue par la chaleur de la flamme, monte dans la mèche. Là, elle prend l'état gazeux. Cette partie sombre de la flamme est formée de **vapeur de stéarine** qui ne peut s'enflammer parce que l'air n'y arrive pas. Tout autour et au-dessus de cette partie sombre, l'air se mêle à la vapeur de stéarine, l'oxygène s'en empare, et il en résulte une quantité de chaleur telle que chaque particule de charbon, chauffée **à blanc**, devient lumineuse. La flamme éclaire d'autant mieux qu'elle contient plus de charbon chauffé à blanc. Le gaz d'éclairage est riche en charbon.

Parmi les substances **combustibles** les plus importantes sont : la houille, le coke, le bois, le charbon, la braise, le suif, la cire, la stéarine, l'huile, la résine,

phosphore, le soufre, l'alcool, l'essence de térében-
thine, etc.

Les parcelles étincelantes de métal, qui forment
des gerbes sous le marteau du forgeron, **brûlent**
dans l'air en s'unissant vivement à l'oxygène. Cette
combustion ne produit pas de gaz carbonique, mais
un **oxyde de fer** analogue à la rouille.

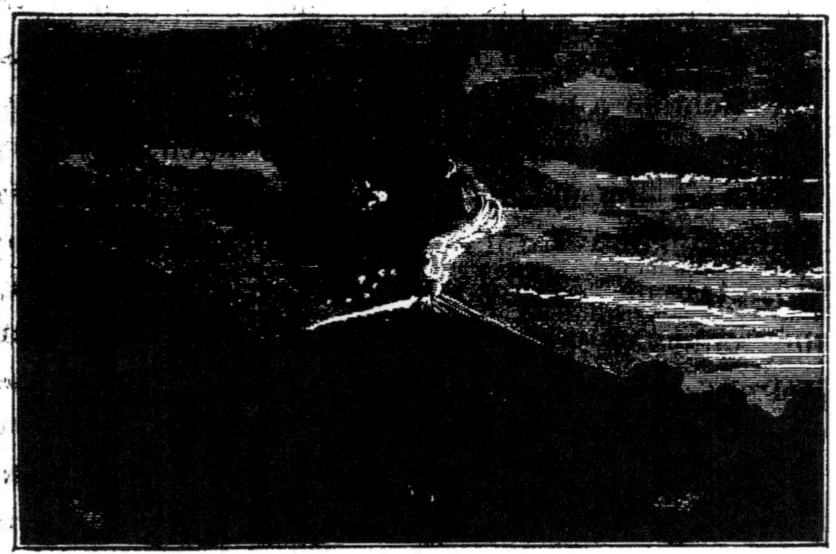

Un volcan.

Le mot **combustion** éveille ordinairement l'idée
de **feu**, de **flamme**. Cependant l'union lente de
l'oxygène avec diverses matières constitue une vérita-
ble combustion. La chaleur de notre corps est due à
la combustion lente de notre substance même et d'une
partie des aliments. Quand un morceau de fer se

rouille, il subit une combustion très lente. C'est encore par l'effet d'une combustion très lente que s'échauffent les fumiers.

Les volcans et la foudre sont des sources naturelles du **feu**.

Si l'homme ne savait pas faire de feu il serait obligé de manger des aliments crus, et ne pourrait habiter que les climats chauds ou tempérés.

C'est grâce au **feu** et à la fabrication des **outils** que l'homme a pu prendre possession de la terre, y former des sociétés policées. C'est au feu que nous devons les métaux sous leur forme usuelle, les **vases** de terre et de verre d'un usage journalier. Aucune **industrie** ne pourrait se passer du feu. C'est lui qui, emprisonné sous la chaudière d'une **machine à vapeur**, donne à l'homme une force incalculable pour mettre en mouvement des outils, des machines, pour courir sur les rails de chemin de fer ou traverser les mers en dépit des vents contraires.

FIN.

TABLE DES CHAPITRES

TROISIÈME PARTIE

LES VÉGÉTAUX

QUATRIÈME PARTIE

NOTIONS SUR LA MATIÈRE

FIN DE LA TABLE.

CORBEIL. — Imprimerie de CRÉTÉ.